站在巨人肩上

从伏打谈电化学

刘枫　主编

黄河出版传媒集团
阳 光 出 版 社

图书在版编目（CIP）数据

从伏打谈电化学 / 刘枫主编 .—— 银川：阳光出版
社，2016.7（2022.05重印）
（站在巨人肩上）
ISBN 978-7-5525-2786-5

Ⅰ.① 从 … Ⅱ.① 刘 … Ⅲ.① 伏 打（1745-
1827）– 生平事迹 – 青少年读物②电化学 – 青少年读
物 Ⅳ.① K835.466.11-49 ② O646-49

中国版本图书馆 CIP 数据核字 (2016) 第 181557 号

站在巨人肩上　　从伏打谈电化学　　　　　　刘枫　主编

责任编辑　　徐文佳
封面设计　　瑞知堂文化
责任印制　　岳建宁

黄河出版传媒集团
阳　光　出　版　社　出版发行

地　　址　宁夏银川市北京东路139号出版大厦 （750001）
网　　址　http://www.ygchbs.com
网上书店　http://shop129132959.taobao.com
电子信箱　yangguangchubanshe@163.com
邮购电话　0951-5047283
经　　销　全国新华书店
印刷装订　天津兴湘印务有限公司
印刷委托书号　（宁）0020160

开　　本　710 mm×1000 mm　1/16
印　　张　9.5
字　　数　152千字
版　　次　2016年7月第1版
印　　次　2022年5月第2次印刷
书　　号　ISBN 978-7-5525-2786-5
定　　价　35.80元

前　言

　　哲人培根说过:"读史使人睿智。"是的,历史蕴含着经验与真知。

　　科学的发展是一个漫长的过程,一代又一代的科学家曾为之不懈努力,这里面不仅有着艰辛的探索、曲折的经历和动人的故事,还有成功与失败、欢乐与悲伤,甚至还饱含着血和泪。其中蕴含的人文精神,堪称人类科技文明发展过程中最宝贵的财富。

　　本系列丛书共30本,每本以学科发展状况为主脉,穿插为此学科发展做出重大贡献的一些杰出科学家的动人事迹,旨在从文化角度阐述科学,突出其中的科学内核和人文理念,提升读者的科学素养。

　　为了使本系列丛书有一定的收藏性和视觉效果,书中还汇集了大量的珍贵图片,使昔日世界的重要场景尽呈读者眼前,向广大读者敬献一套图文并茂的科普读本。

　　由于编者水平有限,加之时间仓促,疏误之处在所难免,敬请广大读者批评指正。

编者

目　录

伏打的自我介绍

我好像一头牛，吃的是草，挤出的是奶和血。

——鲁迅

名句箴言

自我介绍

我是伏打，意大利物理学家。我于1745年2月18日出生在科莫。我在学生时代就对自然科学有浓厚兴趣。1774—1779年我任科莫大学预科物理学教授，1815年任帕多瓦大学哲学系主任，1819年退休后我回到故乡科莫。

1765年，我开始从事静电实验研究，1769年发表静电学著作《论电的吸引》,1775 年发明树脂起电盘,1781 年发明灵敏的麦秸验电器,1782 年建立了导体电容 C、电荷 Q 及其电势 V 之间的关系式。我在科学上的主要贡献是发明"伏打电堆"。

当我得悉伽伐尼"动物电"的实验消息后,我于 1791 年着手研究这一现象。经过大量实验,我否定了"动物电"学说,提出了电的"接触"学说,指出伽伐尼电产生于两种不同金属的接触。在这项研究的基础上,我提出了著名的"伏打序列"。我称金属为第一类导体,湿物体为第二类导体,如果回路中同时存在两类导体,就能够产生电流。1800 年年初,我发现了能够十分明显地增强该效应的方法,从而发明了"伏打电堆"。

树脂

伏打的自我介绍

　　1800 年 3 月 20 日我宣布了"伏打电堆"这项发明，引起极大轰动。这是第一个可以产生稳定、持续电流的装置，为电学研究开创了新局面。1801 年拿破仑一世召我到巴黎表演电堆实验并授予我金质奖章和伯爵称号。1803 年我当选为法国科学院外国院士。

Follow Me!

跟我來！

　　我们看到电,就会想起一位伟大的科学家,他就是亚历山德罗·伏打。伏打于1745年2月18日出生在意大利科莫城的一个贵族家里,他从小就对电学产生了浓厚兴趣。19岁时,伏打在故乡的城市里当了一名物理教师。1777年,由于科学研究的成就,他获取了帕维亚大学物理学教授的职位。

　　1791年对于伏打来说非常关键,这一年,伽伐尼发表了青蛙神经和肌肉切片试验的论文。论文发表后,引起了伏打的兴趣,于是,他重复了伽伐尼的试验,得出了自己的观点。他判定电流不是来源于动物体内,而是产生于两种不同的金属。他对已有的验电器进行改造,制成了一种能够测定微量电荷的验电器。

伏打

使用这种验电器,伏打反复验证各种金属产生的电能,从而发现了起电序列,制成了电堆,使人类首次获得了稳定而持续的电流,开创了电研究的新时代。

通过伏打电堆,伏打证实了两种不同性质的金属相互接触时,在它们的接触表面会出现异性电荷,同时其表面之间还会产生接触电位差,这种电位差的大小随两种接触的金属而异。伏打还证实了所有的金属导体都能排成一个序列,序列中的任何一种金属与后面一种金属相接触时,前者带正电,后者带负电,伏打据此排列出了世界上第一个电气元素表。

1800 年 3 月 20 日,伏打把试验结果报告给英国皇家学会。在报告信中,他介绍了用几十对铜片和锡片中间夹有盐水渗透的纸壳所组成的电堆。后来,他通过多次实验,又发现把各种金属按着铝、锌、锡、铁、铜、银和金的顺序排

伏打电堆

列,用每两种金属组成电堆时,前面的金属带正电,后面的金属带负电。这就是伏打所发现的"接触电势差系列"。

伏打的一生是光辉的一生,他通过自己的努力和智慧获得很多的荣誉和奖励,并成为许多国家的科学院院士,拿破仑曾授予他侯爵的称号,伏打还被任命为意大利王国上议会的议员。

1827年3月5日,伏打卒于故乡科莫,享年82岁。为了纪念伏打在电学方面所做的贡献,人们把电压的单位命名为伏特。其定义是:在电路中两点间通过电流1安培时,如果在1秒内做功为1焦耳,那么这两点间的电压规定为1伏特。

沿着巨人的足迹

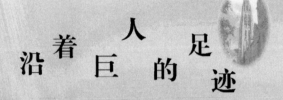

昨天不能唤回来，明天还不确实，而能确有把握的就是今天。

——耶曼逊

名句箴言

伽伐尼

那是 1786 年平凡的一天，不是节日，没有庆典，但那一天创造了科学史上的奇迹。那一天，意大利波洛尼亚大学解剖学教授伽伐尼正在认真地解剖一只青蛙，只见他全神贯注、一丝不苟，先用手中灵巧的解剖刀准确地切开青蛙的腹部肌肉，接着细心地找出了青蛙的下肢神经，进行仔细的研究。当他正在解剖另一只青蛙时,旁边有一台起电机正好在工作。解剖刀无意碰了起电机一下,他再解剖青蛙神经时,一个以前没有见到的现象发生了,青蛙腿部肌肉明显抽搐起来。

青蛙的腿部肌肉为什么抽搐呢?这一现象让伽伐尼非常感兴趣。他开始以为这是刚才还活蹦乱跳的青蛙一时没有死透的缘故,但他后来终于发现了起电机、解剖刀和青蛙神经抽搐之间的必然联系。他决定检验一下,空气中的电是否也会使青蛙腿产生同样的反应。蛙腿神经的一端用导线连接到一根绝缘的金属棒上,将金属棒放置在屋顶上,同时使蛙腿神经的另一端接地时,他发现,在雷雨天,这条青蛙腿也会不时抽搐。

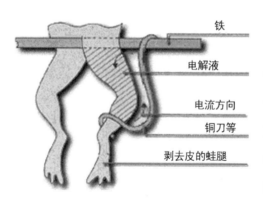

铁

电解液

电流方向

铜刀等

剥去皮的蛙腿

伽伐尼青蛙实验原理图

在第一个实验的基础上,伽伐尼又做了一个实验。当他把挂着蛙腿神经的黄铜钩子搭在铁横棍上时,青蛙肌肉就发生抽搐,而且即使在晴朗的日子里,这种现象也一样发生。最后,他用两种不同的金属分别触及死蛙的肌肉和神经,并把两种金属联结起来,肌肉也会抽搐颤动。

这些现象很明显地表示,青蛙的抽搐来自外界的电流。然而,一向酷爱研究生物电现象的伽伐尼却认为,青蛙的生物电与外界构成了回路,并因此推断,电能来源于活的肌肉,这个观点就相当于莱顿瓶放电。两种不同性质的金属正好形成青蛙神经和肌肉之间的电路,他把这种电称为"生物电"。伽伐尼的结论或许和他的少年往事有着密切关联。

安琪尼奥姨妈是一位和蔼可亲的人,她住在亚得里亚海滨的一个美丽的小镇上。少年时代的伽伐尼最喜欢去安琪尼奥姨妈家度过漫长的暑假。蔚蓝色的大海,银色的沙滩,小镇的宁静常常使伽伐尼流连忘返。他十分喜欢安琪尼奥姨妈,她年轻漂亮,宽厚仁爱,常常给伽伐尼讲美丽动人的希腊神话故事。可是,一看到安琪尼奥姨妈痛苦地一瘸一拐地行走时,伽伐尼的心都快碎了。

安琪尼奥姨妈患有非常严重的风湿性关节炎,这种疾病让她苦不堪言,甚至无法正常行走,为此,伽伐尼决定学习医学,为所有被病痛折磨的人分担忧愁。后来,采用了沿海渔民的传统治疗方法,安琪尼奥姨妈的病症才大为减轻。欧洲一些国家的沿海居民很早就采用电鳗鱼、电鳐鱼刺激人体来治疗头痛和风湿类疾病。

这些电鱼是如何刺激人体进而对人体进行治疗的呢?开始伽伐尼并未对这些带电鱼进行研究,在他成为波洛尼亚大学医学系助教以后才开始了对带电鱼研究的这项实验。他通过长期研究发现，这些鱼全是会发电的电鱼。经过解剖，伽伐尼才知道，在电鱼胸部两侧的皮肤里各藏有一个由纤维组织所组成的、并由神经纤维相连接的蜂窝状发电器。靠着这种发电器，电鱼能够发出足以击人麻木的很强的电能，电鱼就是凭借它的这种能够自控和随时发出的电能获取食物或击退强敌。安琪尼奥姨妈通过电鱼的发电进行"电疗"，才获得了较好的疗效。

面对着多姿多彩的生物电现象，伽伐尼感觉自己进入了一个神奇的世界，他对此进行了长达十几年的研究，他感到自己正在从事揭开生命力量之谜的伟大研究。他在这场伟大的发现过程中，侧重于神经生理学方面的研究，奠定了生物电学研究的基础。

1793年，伽伐尼将自己长期观察研究的结果在英国皇家学会会议上进行了阐述，在会后的演示实验上，人们都为伽伐尼的伟大发现而喝彩，与会的人们都欣然地接受了伽伐尼对这一发现的生物电的分析。伽伐尼的发现和理论使整个欧洲科学界兴奋异常，"青蛙实验"成了街谈巷议的话题。后来，就连罗马宫廷也对伽伐尼的青蛙实验大感兴趣，派人邀请伽伐尼表演。

有一次伽伐尼进行演讲之后，助手告诉了伽伐尼关于伏打实验的消息，并把实验结果记录交给了他。看到伏打的名字,伽伐尼立即回忆起那个生气蓬勃的帕多瓦的年轻教授。在从伦敦返回意大利的旅途中,伏打将满脑子的古怪想法倾倒给伽伐尼教授。

伏打非常大胆地采用了伽伐尼没有用过的方法进行新的实验:把青蛙实验中的两块性质不同的金属板改换为两块性质相同的金属板,结果青蛙腿立即停止了抽搐。伏打从此得出了结论:使青蛙抽搐的能量的确来自一种新的电能,但这种电能不是由动物细胞组织产生的,而是由两块不同性质的金属的接触产生的。若只用一种性质的金属做实验,青蛙就不会产生抽搐现象。

伽伐尼看到伏打的实验结果,觉得十分震惊,甚至有点难以接受。他跑到实验室重复了伏打的实验,果真如此。但是,一想到亚得里亚海滨的小镇,一想到治疗安琪尼奥姨妈的电鳗鱼以及许多生物放电实验,伽伐尼又自信起来。他认为电能来自动物的组织,他坚信这一点,他相信电鳗鱼是不会欺骗他的。

自从这次交锋之后,伽伐尼和伏打为了证明各自观点的正确开始了论战。伽伐尼加紧进行为自己的理论寻找根据的实验,伏打则更加热火朝天地做起了自己的实验。科学的论战就是科学的竞赛,不论谁取得了胜利,都是人类的福祉,正是因为伽伐尼的实验和伽伐尼与伏打的科学论争,最终使伏打发明了"电堆",这是世界上最早的电池,是今日电池的雏形。伏打电堆在人类历史上第一次产生了可以连续恒定的电流,为电学研究开辟了道路。

伽伐尼进行的青蛙实验像一只勇敢神奇的金鸡下了一只金蛋,造福了整个人类。伏打在晚年的时候还一直说:"没有伽伐尼的青蛙实验,就绝不会有伏打电堆。人们在使用伏打电堆时,应该首先想到的是伽伐尼教授,是他的青蛙实验像闪电一样,启开了我的智力之门。"

从蛙腿抽搐到发现电流,再到"电堆"制成,伽伐尼和伏打发展科学、推动电学发展的首功,当属伽伐尼。

勇于探索真理是人的天职。

——哥白尼

名句箴言

伏打

进入现代社会以来，人们对电池的需求越来越大，例如钟表上需要电池，收音机录音机上需要电池，手机上也需要电池。电池给人们带来的便利简直多得数不清，它的原始雏形就是科学史上赫赫有名的"伏打电堆"。从某种意义上可以说，伏打电堆哺育了电磁学和化学、冶金学和光学等。

电池是怎样发明的呢？这要从意大利物理学家伏打的经历说起。

1793 年，伏打应邀参加了英国皇家学会的会议。这是一个群星荟萃的精英大会，来自欧洲各地的科学家汇集在伦敦伯明翰宫，交流最新的科学发现并切磋技艺。在科

伯明翰宫

学家的心目中皇家学会的会议简直就是一个盛大的科学节日。

在前往伦敦的旅途中，伏打结识了一位同去参加会议的同胞伽伐尼教授。这位来自波洛尼亚大学的医生显得固执神秘。他对伏打说，伦敦会议要因他引起一场震动。伏打想问个究竟，伽伐尼只是神秘地对他一笑。他对随身携带的一罐青蛙的关心程度，远远超过同行的旅伴。伏打也无暇顾及身边旅伴，因为他还要思考验电器的问题呢。

伽伐尼是一位让人难以捉摸的旅伴，他的发现一在英国皇家学会会议上公布就引起了会议的轰动。他用两块不同的金属片构成回路时，可以使死去很长时间的青蛙发生

抽搐。有人夸张地认为，伽伐尼的实验可以使死人复活，伽伐尼则认为他发现了存在于肌肉之内的"生物电"。

伽伐尼的青蛙实验实在太迷人了，它深深地征服了伏打，伽伐尼成了伏打心中的英雄。

参加完会议返回意大利的途中，两个人进行了深入而亲密的交谈，共同的志向让二人变成了无话不谈的朋友。他们一路无心观赏窗外的景色，只是不住地交谈着研究中的种种经历。伽伐尼告诉他怎样偶然发现青蛙抽搐，然后穷追不舍去研究。伏打却老在想那两块神奇的金属片，不管伽伐尼怎么

实验室

说，他认为秘密就在金属片之间。他恨不得马上飞过阿尔卑斯山，回到帕多瓦的实验室，证实他的想法。伏打坚信只有实验是永远正确的，它不会欺骗任何人，然而，人们对于实验的解释则是可变的。

　　美丽宁静的帕多瓦是研究学问的好地方,伟大的近代科学之父伽利略在这里工作了 18 个年头,在帕多瓦他用望远镜开辟了一个新的天体世界,证实了哥白尼关于地球和天体运动的学说,工作在帕多瓦大学的伏打常常以伽利略的事迹来激励自己献身科学。

　　在帕多瓦大学的实验室里,伏打重复着伽伐尼的实验。实验像伽伐尼说得一模一样,电流像是贮存在肌肉中的一样。没有找到实验的突破点,伏打气恼地离开摆满物理实验仪器的桌子。然而一抬头,他看见了挂在墙上的那张画像。上面画着一幅戴着假发、神态安详明朗的半身像,画像英俊的面容中充满了刚毅的神气,在画像的白色底边上用法文写着题词:"赠给我的学生和朋友留念。"旁边是漂亮的花

拉瓦锡

题签名:安图瓦·罗朗·拉瓦锡。看到老师那满含期待的目光,伏打的心立即平静下来,重新回到了桌子旁。

　　经过多次反复的试验,伏打渐渐发现了这样一个现象:用一根铜线作为一端,改换不同金属线做实验的另一端时,青蛙抽搐的激烈程度随金属不同而改变。银导线引起青蛙肌肉的强烈收缩,而在触到铁导线时,肌肉只是微微地颤动几下。伏打想:要是电流存在于肌肉中,改变金属时,青蛙肌肉的收缩不应该变化。这时,更换金属品种来进行青蛙实验坚定了伏打的想法,他认定电肯定来自于金属,而不是肌肉。

　　在进行了一系列的实验之后,伏打将实验结果写信寄给伽伐尼,不料他的这一举动竟引起了伽伐尼的批驳,因为两位科学家都坚持自己的观点,他们都认为自己是对的。一场关于青蛙腿的科学论战就这样开始了。

　　科学论战开拓了伏打的研究思维,扩展了伏打的研究视野。有一天,他想把实验中用的两条性质不同的金属线改换为两条性质相同的金属线,看实验结果将会怎样。实验结果使伏打大为吃惊:两条相同的金属导线构成回路时,并不能实现青蛙肌肉抽搐。这一实验结果使伏打坚信,使青蛙肌肉收缩的能量,的确来自一种新的电能,但它不是由动物组织产生的,而是由两种不同性质的金属的接触产生的。

　　通过这次全新的实验,伏打的研究发生了一个根本的转折,即由过去重视青蛙实验本身转向重视金属的生电性质。不久,他意识到,蛙腿肌肉的抽搐表明其中有电流通过,青蛙的反应在这里起着验电器的作用。

在伏打所处的那个时期,仅有的电学实验仪器都是用来研究静电的,伏打既没有电压表,也没有电流计,而用两种金属接触产生出来的电流又极其微弱,所以测量极其困难。

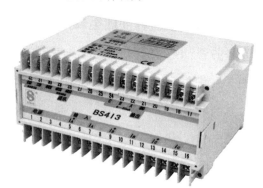

电压表

任何一个人要想成功地从事科学研究,必须具有研制实验仪器的动手能力,在科学时代的早期,这一点尤其重要。伏打使用当时的双叶式验电器根本无法测出电流的强弱,于是他将自己设计的电容器加在验电器上,从而提高了验电器的灵敏度。他反复使用两种不同的金属相互接触,中间隔上湿的硬纸、皮革或其他海绵状东西,结果表明都有电能产生。

1799 年,全世界的人都在欢庆 19 世纪的到来,都沉浸在新世纪来临的喜悦中。伏打为了给新世纪献上一份厚礼,加快了实验研究步伐。他制成一种不同金属片浸入盐水中的装置,不久,他又对这种装置进行改进,把许多圆形金属片和用盐水浸润过的圆形厚纸片按照铜片、纸片、锌片……次序一个个叠起来,制成了"电堆"。伏打看到成对金属片和浸盐纸片堆得越高,产生的电流越大,所以把这种装置形象地命名为"电堆"。伏打电堆是世界上最早的电池,它可以产生连续恒定的电流,它的出现为电学研究开辟了道路。

1800 年,新的世纪来临了,伏打将其最后研究成果以长信的方式寄给了英国皇家学会主席班克斯。班克斯读后立即将其作为正式科学论文发表在皇家学会学报上,从

铜片

此,全世界都知道了伏打和他的"电堆"。伏打所引起的轰动,是伽伐尼所不能比拟的。各国物理学家得知伏打电堆的构造后,纷纷开始研究电流的作用。在此过程中,伏打电堆也越造越大,进一步完善。在当时,哪一个物理学家的实验室中没有电堆,好像就不是一个物理学家似的。

1802 年,俄国物理学家彼得洛夫在彼得堡建立了最大的伏打电堆,这个伏打电堆由 4200 个锌圈和铜圈组成。同

一时期,美国宾夕法尼亚大学的黑尔博士制成的伏打电堆产生的电力足以熔化金属。

1807年,英国化学家戴维通过电解,发现了钾和钠两种新元素,轰动了世界。戴维还利用伏打电堆发现了电弧,制成照明用的电弧灯。在19世纪70年代白炽灯问世以前,这种碳极电弧灯一直作为电光源。

新世纪有新的创造,荣誉和报喜的信件像雪花一般朝伏打飞来。面对成堆的信件,伏打想起了巴黎之行的情形。

法兰西共和国第一执政官波拿巴·拿破仑将军,盛情邀请著名的意大利教授伏打来法国科学院演示他的发生——伏打电话。

彼得堡

1801年12月21日晚8时,预定在科学院举行伏打教授的演讲会。第一执政官、外交部部长、国防部部长和科学院的院士们都欣然前来聆听这次演讲。

当令人崇敬的伏打教授出现在演讲大厅时,雷鸣般的掌声刹那间使他心怯气喘。演讲开始以后,绝大多数人都怀着惊讶好奇的心情倾听着教授的每一句话。从伽伐尼实验转到伏打电堆上来以后,演讲出现了高潮。

电池

伏打将自己用金属片制成的电堆放在桌子上,请热心的听众们走过来碰一碰正负极,触到正负极的人们开始像青蛙一样抽搐起来。当伏打用连接在极板上的导线碰一些人的眼皮时,这些人的眼里就开始出现五颜六色的光环。有人用舌头舔了舔导线,觉得有一股酸味,耳朵里却听到了一阵鸣响。

大自然的力量是神秘而伟大的,当这股神秘而伟大的力量突如其来地降临在这个演讲大

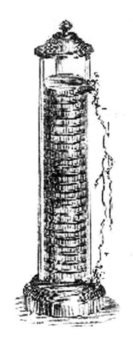
伏打电堆示意图

厅时,一种不可思议和含混不清的恐怖笼罩着所有的与会者,听众已无暇顾及伏打的演讲了。当波拿巴·拿破仑拉着伏打走向讲台一侧,他们才清醒过来。拿破仑激动万分地说:"伟大而神秘的自然界的帷幕被天才揭开了一角,对他们仅仅赞赏是很不够的,应该使他们得到奖励。因此,我宣布为电学领域中天才的发明者设立 20 万法郎的基金。第一笔奖金就授予伟大的亚历山德罗·伏打教授。"大厅里响起了热烈的掌声。

面对巨额的奖金和如雷的掌声,伏打并没有就此止步。他想,大自然有多少奥秘等待人们去揭开。在自然界的面前,人类还是一个不懂事的孩子呀!想到这儿,伏打又穿上实验工作服,回到他的实验室去了。

只要再多走一小步，哪怕是向同一方向再走一小步，真理就会变成错误。

——列宁

名句箴言

亥姆霍兹

亥姆霍兹是一个什么样的人呢？普朗克是这样评价亥姆霍兹的："他的人品也使我更亲近他，我赞扬他不但为他在科学上的成就，也为他的人品。他的整个为人、他的准确判断和他的谦逊态度都体现了他在学术上的严谨及值得信赖，所有这一切个人品德都给了我深刻的印象。在谈话中，当他用那安详的、询问的、仿佛可以看透人的、但又是完全友好的目光注视着我时,我完全被一种孩子般的信任感所征服了。我可以把脑中想到的完全无保留地向他吐露,肯定或称赞都使我远比其他成功更为愉快。"

亥姆霍兹是德国著名的物理学家、生理学家,他于1821年8月31日出生于柏林附近的波茨坦,父亲是一位教师,兄弟四人中亥姆霍兹最年长。少年时,亥姆霍兹就聪明好学。1838年,17岁的亥姆霍兹以优异的成绩考入了柏林弗雷德里克·

亥姆霍兹

威廉皇家医学院,在学习期间,他对医学和物理学都很有兴趣。

1843年,亥姆霍兹毕业后到波茨坦担任军医。1845年,他发表了一篇短文,纠正了化学家李比希的一个疏忽。亥姆霍兹指出:在动物体中的食物的燃烧热不可以直接地等同于构成这些食物的化学元素的燃烧热。同时，他把这一原理对物理学的各个部门的影响做了简要的论述。

1847年，亥姆霍兹发表了《力的守恒》一文，论述了他的能量守恒和转化方面的基本思想。他提出，自然科学的基本任务"就在于把一切自然现象归结为其领域之内的、不变的吸引力和排斥力"。他把中心力看成机械运动的最后的原因，并证明了这种力的性。他说：

"在物质之间的吸引力和排斥力作用下，如果吸引力和排斥力的强度只与距离有关，那么张力在量上的损失始终等于活力的增加，反之张力的增量始终等于活力的损失。因而，所有活力和张力之和始终是一个常数。这条具有最普遍形式的定律，可以称为力的守恒原理。"

引力

亥姆霍兹把这种力的保守性同永动机之不可能联系起来。他概括指出以下三点：

"当自然界的物体在既与时间无关、又与速度无关的吸引力和排斥力的作用下时，系统中的张力和活力之和总是始终不变的；如果在物体间作用着与速度和时间有关的力，或者作用力的方向与联结这两个物体间的直线不吻合,例如是一处转动力,在这种情况下,力或者会无限地消失掉,或者会变成无限大;假如除中心力外还存在着另外的力,那么自然界的物体就能不因另外的物体的原因,而能自动地运动起来。"

亥姆霍兹的机械观点使他把所有的能量形式都归结为"活力"或"张力"。他研究了能量守恒原理在其他物理过程中的应用后指出:无摩擦的力过程、引力作用下的一切运

活力和张力

动、不可压缩的液体和固体所传递的运动、理想弹性体的运动都属于这一类例子;光的干涉中出现的明暗条纹、并不表示能量的消失,而只是能量分布的不均。他证明了热质说的毫无根据,指出在存在摩擦或吸收作用的情况下,如果发生了活力损失,那就会转化为其他形式的力,首先是热。他写道:

"热的数量可以通过机械力来使之增加,因此,热现象不可能以这种物质的存在为条件,而只能从某些熟知的有

质体转化和运动中或者是从无质体如电或以太的变化或运动中推论出来。根据这个说法，到现在为止被称为热的量的那种东西，一部分是指热运动活力的量，另一部分是指原子之间张力的量，这些张力在原子的排列发生变化时能够引起热运动。第一部分相当于称之为自由热的部分，第二部分相当于称之为潜热的部分。"

至于化学反应中的热的产生，亥姆霍兹指出赫斯定律是能量原理的一个特殊情况。

在论文的最后一部分，亥姆霍兹指出把力的守恒原理应用于生物机体中所进行的过程的可能性。他用下面这句话结束了他的论述：

"从上述内容可以证明，这一定律与自然科学中任何一个已知现象都不矛盾，而大量的现象倒很明显地证实了它。我力求更完全地叙述出这个定律同自然规律相结合所得

焦耳

出的结论，它们还需要加以实验的验证。我希望，目前研究的假说部分使我冷静下来，而这种研究的目的在于以尽可能充分的理由向物理学家们讲授这个定律在理论上重要的

启发意义,而这个定律的完全证实将是未来不远的物理学家的基本任务之一。"

亥姆霍兹所拟定的纲领成为以后一个时期之内物理学发展的基本内容。他的研究和论著给了那个时代整个的物理学界以强有力的影响。

另外值得一提的是,亥姆霍兹的这一工作无疑是从理论上对能量守恒原理所做出的重要概括,他基本上是独立地做出这一发现的。但是,亥姆霍兹绝没有去要求这一发现的优先权。后来当他了解到迈尔在他之前已发表了两篇论文之后,他公正地说:"我们必须承认,迈尔不依赖于别人而独立地发现了这个思想,而这个思想使自然科学获得了新进展。"他还谦逊地说,"和焦耳的工作相比,在那时就已经谈不上想要为我提出什么优先权的要求了。"

1849 年,亥姆霍兹在柯尼斯堡大学担任生理学教授。1855 年,他任波恩大学解剖学和生理学教授。1859 年,他任海德尔贝格大学生理学教授。亥姆霍兹兴趣广泛,知识渊博,他对很多学科都很熟悉,因此他可以综合地运用自己的知识对边缘学科进行研究。在生理光学问题上,他详细研究了眼睛的功能,他创造了确定需配近视、远视眼镜的度数的检查法。亥姆霍兹继承和发扬了托马斯·杨的关于色视觉现象的理论,解释了色盲的成因。1856—1866 年,他完成了一部巨著——关于生理学和视觉物理学的重要著作

《生物光学手册》。

亥姆霍兹是一个实验家，也是一个开拓者，他开创了语言物理学这门学科。亥姆霍兹用生理学的知识、物理学的手段对音乐进行研究，他提出了乐音的三个特性：音调、响度和音品以及决定这些特性的因素。他研究了耳朵内部的构造，解释了耳骨的机制，讨论了耳朵中耳蜗的作用。为了能分析复杂的乐音，他发明了共鸣器，每一套共鸣器包括大大小小许多只金属空心球，单只的共鸣器只能对某一频率的声音发生共鸣。他又研究了语言的发音原理，他说从喉头发生的音，在鼻腔内反响时成鼻音，在口腔内反响时就成为母音。他在1862年发表的《音色感觉》是生理声学的一部重要著作。另外，《音乐理论的生理基础》也是他在声学方面的重要著作。

1861—1867年，亥姆霍兹进行了电磁振荡现象的研究，并宣布了他的研究结果之一，即电磁感应波的速度大于314千

波恩大学

米/秒。1869年,他受聘担任海德尔贝格大学生理学教授,在这所大学他任教两年。在海德尔贝格大学任教的两年时间里,他主要是研究流体力学方面的问题,他研究了流体的涡流运动,给出了亥姆霍兹涡流定理。

亥姆霍兹的一生是极其丰富的一生,他的研究领域十分广泛,除物理学外,在生理光学和声学、数学、哲学诸方面都做出了重大贡献。他测定了神经脉冲的速度,重新提出托马斯·杨的三原色视觉说,研究了音色、听觉和共鸣理论,发明了验目镜、角膜计、立体望远

赫兹

镜,他对黎曼创立的非欧几何学也有研究。他曾任柏林大学校长和国家物理工程研究所所长,主张基础理论与应用研究并重。他的成就被国际学术界所承认,1860年他被选为伦敦皇家学会会员,并获该会1873年度科普利奖章。

沿着巨人的足迹

亥姆霍兹不仅自己取得了很大的成就,还培养出许多优秀的学生。许多来自不同国家的科学工作者到他的研究所工作,他们中的一些人后来通过自身的努力成为学术界的带头人。他们中最有名的是赫兹、罗兰德、迈克耳孙和普平,还有许多也有一定名气,这些学生把亥姆霍兹的精神带到了许多国家。亥姆霍兹在很多方面都可以和他的朋友开尔文勋爵相比,即使就头衔而言,他也曾被德国皇帝冠以"枢密顾问官阁下"的称号。

亥姆霍兹研究了能量守恒定律在电磁现象方面的应用,给出了静电力做功时电荷的活力改变的关系式,确立了静电势的概念。他还分析了电池中的化学——电作用,从力的守恒角度反对电池的所谓"接触论"。他在论文的最后一部分指出,把力的守恒这一原则用于生物机体中进行的过程上的可能性。

从以上种种可以看出,对于能量守恒与转化定律的确立来说,亥姆霍兹给出了他在力学中具体的数学形式,并且也论述了它在各个方面的应用。但是,限于机械论的观点,亥姆霍兹未能很好地注意到各种"力"在质上的差别,对于这一定律,他还没有认识到"不能仅仅从数量上去把握,而且必须从质量上去理解"。

1894 年 9 月 8 日,亥姆霍兹这位伟大的科学家离开了人间。

名句箴言

我生为真理生，死为真理死，除了真理，没有我自己的东西。

——王若飞

吉布斯

吉布斯是美国杰出的物理学家，1858年，他毕业于耶鲁大学，接着攻读该大学的研究生课程。1863年，他取得美国首批博士学位，留校讲授拉丁文和自然哲学。1866—1869年，他去欧洲进修，回国后一直在耶鲁大学任教，1871年被任命为数理教授。

吉布斯在数学和物理学方面均有

耶鲁大学

广泛的研究。

1873—1878 年,他发表了被称为"吉布斯热力学三部曲"的 3 篇论文,即"流体热力学的图示法""借助曲面描述热力学性质的几何方法"以及"非均匀物质的平衡"。由于他出色的工作,热力学成为一个完整严密的理论体系。1902 年,吉布斯发表了巨著《统计力学的基本原理》,创立了统计系统的方法,建立起经典平衡态统计力学的系统理论,对统计力学给出了适用任何宏观物体的最彻底、最完整的形式。

吉布斯在光学和电磁理论的研究上也有建树,并为此建立了矢量分析的方法。吉布斯被美国科学院以及欧洲 14 个科学机构选为院士,并接受过一些名誉学衔和奖赏。1881 年,他荣获美国最高科学奖——冉福特奖。

"吉布斯热力学三部曲"是人类科学史上伟大的作品,让我们来了解和分析一下它。

1950 年,纽约大学的美国伟人堂里增加了一座铜像,这就是杰出科学家吉布斯的半身青铜像,这座铜像与美国的其他历史名人林肯、华盛顿、爱迪生等相并立,吉布斯被誉为美国第一位著名的理论物理学家和科学家。1923 年,荣获诺贝尔物理学奖的美国物理学家密立根曾经这样评论道:"吉布斯是不朽的,因为他是一位深刻的、无与伦比的分析家。他对于统计力学及热力学所做的工作,相当于拉普拉斯对于天体力学、麦克斯韦对于电动力学所做的一切,因为他把自己的科学领域变成了一个几乎完善的理论结构。"事实也正是如此,在热力学尤其是统计物理学的历史上,都记载着吉布斯的名字。

爱迪生

吉布斯早年在唯象的热力学研究上颇有成就。在 1873—1878 年间,他发表了 3 篇热力学方面的论文,这 3 篇论文包含了他对热力学的主要贡献。他明确认为熵是一个基本概念,概括了热力学第一、第二定律,并以此为出发点,推动了热力学的发展。他引入了不同的平面熵图,利用几何方法来表示热力学的过程和性质,创立了几何热力学。尤为突出的是他的关于"非均匀物质的平衡"的论文,他在论文里以分析的方法,严格解决了多项物质的平衡条件和稳定问题,把热力学占据的领域大大拓展,把化学、弹性、表面、电磁以及电化学等现象都包括在一个单独的系统内。更重要的是吉布斯找到了所谓的"热力势"的方法,只要找到"热力势",通过简单的微分法就可找出体系的全部热力学性质,这个方法以后成为研究热力学的一个根本方法。

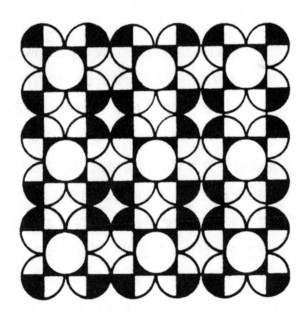

几何

　　吉布斯的工作具有重要的意义,通过他的工作,热力学演化为一个严密、完整的理论体系和一整套的研究方法,产生了无数新的成果,派生出不少边缘学科,对科学的影响至今不息。

　　尽管吉布斯在唯象的热力学研究上已经取得了很大的成功,但他从来不骄傲自满,而是在科学的道路上继续默默地前进着。他认识到采用形式化的热力势方法只不过是解决问题的一种手段而已,而这种形式最终只能由实验来确定,不能由热力学理论本身来确定。吉布斯期望能用力学术语来说明热现象,他把希望寄托在物质的分子运动论上。

　　17世纪,分子运动论取得初步发展,然而没能受到充分的重视,尤其是18世纪中叶之后,热质说一度占据上风,分子运动论受到普遍冷落。在19世纪中叶,热之唯动说得到了恢复,热力学第一定律的建立使许多人相信热不是一种物质,而是能量的一种形式。热是组成物质微粒的运动动能,这有力地推动了分子运动论向定量化和系统化发展,一批著名的物理学家,如克劳修斯、玻尔兹曼和麦克斯韦对气体分子运动论进行了研究并取得了一系列成果。

　　吉布斯在19世纪80年代就强调了分子观念的重要性,他仔细钻研了克劳修斯、玻尔兹曼和麦克斯韦等人的工作,认为:"由经验确定的热力学定律表达的是大量粒子组成的体系之近似的行为。更确切地说，热力学定律表达的是这种体系的力学定律。""热力学的合理基础建立在力学的一个分支上"，吉布斯把这个分支称为统计力学。

吉布斯关于统计力学的考虑由来已久。在他的"热力学三部曲"里，已做出过"熵不可能不得到补偿而减少"的结论。到 19 世纪 80 年代末 90 年代初，吉布斯已明确形成了要写一部统计力学专著的打算。1892 年，他在给友人的信中谈及了这一打算，他说："统计力学的原则意义将在于它

麦克斯韦

对热力学的应用——因此符合于麦克斯韦与玻尔兹曼著作的线索。"直到 1900 年秋，吉布斯才有时间投入到《统计力学的基本原理》一书的写作中去。1902 年，这一名著作为耶鲁大学 200 周年的纪念丛书之一出版了。它的出版，表明吉布斯一生的科学事业达到了又一个高峰。

在《统计力学的基本原理》一书中，吉布斯改进和发展了麦克斯韦、玻尔兹曼的统计方法，建立起完整的系综理论，使统计物理学从气体分子运动论中升华出来，成为一门原则上可应用于任何物理系统的独立的统计力学科学。

　　吉布斯首先提出了"系综"这一术语,他认为用系综观念可以避开关于物质结构的种种假设的严重困难。在麦克斯韦和玻尔兹曼关于分子运动的研究中,不得不对分子结构和分子之间的相互作用做出具体的假设。他们的处理方法是先把整体分成各个部分,然后再综合为整体。吉布斯一开始就从整体进行考察,他把整体作为更大的整体——系统的一个部分来考察,从而避开了关于系统的内部结构等困难。

　　吉布斯用广义坐标和广义动量来描述系统中分子的状态,用相空间描述系统的状态,考察系统在相中的分布,导出了所谓的相密度原理,表示组成系综体系的点在相空间里的运动,就像不可压缩的流体一样,既不能收缩,也不能扩张,只能改变形状。吉布斯以此解决了热力学体系的

玻尔兹曼

平衡态问题。为描述处于热平衡态的物理体系,吉布斯提出了3种稳定系综:正则系统、微正则系统以及巨正则系统。同时,他还发展了统计平均、统计涨落和统计相似3种方法。他应用一套完整的相似理论,用严密的逻辑程序从

力学推出了热力学的全部结论，为温度、熵、自由能等热力学量找到了统计力学中的相似物。依照相似理论，找到自由能的形式，进而得到各热力学量、状态方程和平衡条件等，这就把统计力学与热力学结合起来了，成为统计热力学。

吉布斯卓有成效地从力学与统计物理学推导出了热力学的经验定理，实现了统计力学的体系化。前人所获得的成果成为这一理论体系的一部分。吉布斯的统计力学体系应用到各种具体问题上，使各类热学问题获得了解决。他甚至还导出了热力学中经典的能量按自由度均分定理以及重力场中质点系按高度的密度分布定律。吉布斯取得的成就令世人瞩目。统计物理学的奠基人玻尔兹曼在 1904 年的一次国际会议上深切悼念一年前去世的吉布斯，他满怀敬意地说："使这门学科系统化，以严谨的著作叙述它，并赋予它一个富有特色的名字，这些荣誉都属于美国最伟大的物理学

吉布斯

家之一,也许是抽象思维及理论研究领域最伟大的人物之一——不久前去世的耶鲁大学教授威拉德·吉布斯。他把这门学科称为统计力学。"

吉布斯建立的统计系统理论赢得了世人的认可和巨大的成功,就统计系统理论本身而言,有两个主导思想值得关注。其一是"为了某些目的,对问题做概括的考察是值得向往的"。这里的"目的"指的是"用力学原理对热力学的

牛顿

定律作出解释""概括的考察"指"统计的探究"。吉布斯把对大量粒子组成的力学体系的研究方法概括为两种,一种是牛顿力学的方法,即"通常的观点";另一种是"统计的探究"。吉布斯明确地指出,用"通常的观点"解释热力学是困难的,统计方法是必要的、唯一能奏效的方法,这是吉布斯的指导思想。其二是"要回避最严重的困难……放弃编造关于物体结构假说的企图,从事统计的探究"。吉布斯有一句

格言,叫作"整体比部分简单"。一次他在解释为什么自己力求对所研究的现象做最一般的概括,而不要求详细说明机制时,还说过"整数比分数简单"这句富有哲理的名言。由此可见,他研究系综是很自然的。

从思想方法来说,吉布斯的理论也具有重要的指导意义。处在吉布斯以前的人们在研究一个体系的整体性质时,常常采取把整体分为局部,然后再综合为整体的方法,而吉布斯却是考察系统——一组虚构的全同体系,把整体作为更大整体中的局部加以考虑。吉布斯巧妙地回避了考察物质结构的困难,他的系综统计框架甚至当微观客体具有量子本性时仍可使用。控制论的创始人维纳这样高度评价吉布斯的思想方法:"吉布斯的革新就在于他不是考虑一个世界,而是考虑能回答有关我们周围环境的为数有限的一组问题的全部世界。他的中心思想在于我们对一组新世界所能给出的问题,答案在范围更大的一组世界中。"

吉布斯的系统理论提出了考察偶然事件的明确科学方法,他研究的出发点和方法背离了牛顿严格的力学决定论。他的统计理论是关于概率分布的因果律,而不是力学因果律。他首先提出了另一种形式的决定论。

吉布斯不愧为一个伟大思想的变革者。

名句箴言

一时强弱在于力，千秋胜负在于理。

——曹禺

能斯脱

能斯脱是一位伟大的科学家，他于 1896 年 6 月 7 日出生在马萨诸塞州纽伯里波特，1986 年 10 月 3 日卒于阿灵顿。

能斯脱的一生是丰富多彩的，他于 1917 年获麻省理工学院学士学位，1921 年获芝加哥大学物理化学博士学位，1921—1925 年，在全国研究理事会任职,1926—1928 年执教于纽约大学,后回芝加哥大学,历任物理学教授、物理化学教授,1936 年当选为美国科学院院士,1961 年退休。

能斯脱是一个品格高尚的科学家,他不仅在科学领域取得了卓越的成就,在培养人才方面也做出了伟大的贡献。他在莱比锡大学设立贫苦学生奖学金,经常和研

麻省理工学院

究生们共度周末,并以严谨的学术作风影响这些年轻人。他曾以拒绝讲学等方式抗议希特勒的法西斯暴政,并斥责"希特勒一伙是摧毁人类文明的暴徒"。在他逝世之后,人们纷纷纪念他,并把他的骨灰移葬到格丁根大学,使这位该校第一任物理化学教授安息在校园内。

能斯脱在科学上也取得了巨大的成就:

他发现热力学第三定律,即"绝对零度不能达到",并应用这个定律解决了许多工业生产上的实际问题,如炼铁炉设计、金刚石人工制造和合

莱比锡大学

成氨生产以及直接计算平衡常数等。

他用量子论研究低温下固体比热。

他用实验证明,在绝对零度下理想固体的比热也是零。

能斯脱与老师奥斯特瓦尔德共同研究溶液的沉淀和其平衡关系,提出溶度积等重要概念用以解释沉淀平衡等。同时,他还独立地研究金属和溶液界面的性质,导出能斯脱方程,开创用电

氯气

化学方法来测定热力学函数值。

提出光化学反应链式理论——光引发后以一个键一个键传递下去,直至链结束为止,并用它解释氯气和氢气在光催化下的合成氯化氢反应。

发明新的白热灯代替旧的碳精灯,即能使光能和热能集

中于一点的能斯脱灯。

　　能斯脱一生著作有 14 部，有关热力学、电化学、光化学等方面的论文 157 篇，代表作是《物理化学》，一生获得包括 1920 年诺贝尔化学奖在内的 10 多项奖赏。

跟我来!

　　亥姆霍兹是德国物理学家、生理学家。1821年8月31日生于柏林波茨坦,1894年9月8日卒于柏林附近夏洛滕堡。中学毕业后在军队服役8年,取得公费后进入柏林的皇家医科学院学习。1842年获医学博士学位后,被任命为波茨坦驻军军医。1847年他在德国物理学会发表了关于力的守恒讲演,在科学界赢得很大声望。1848年他担任了柯尼斯堡大学生理学副教授。

　　亥姆霍兹在一次讲演中第一次以数学方式提出能量守恒定律。主要论点是:一切科学都可以归结到力学。强调了牛顿力学和拉格朗日力学在数学上是等价的,因而可以用拉氏方法以力所传递的能量或它所做的功来量度力。

　　亥姆霍兹发展了迈尔、焦耳等人的工作,讨论了已知的力学的、热学的、电学的、化学的各种科学成果,严谨地论证了各种运动中能量守恒定律。这次讲演内容后来写成专著《力的守恒》出版。

迈尔

沿着巨人的足迹

在柯尼斯堡工作期间,亥姆霍兹测量了神经刺激的传播速度,发表了生理力学和生理光学方面的研究成果。在1851 年,他发明了眼科使用的检眼镜,并提出了这一仪器的数学理论。1855 年他转到波恩大学任解剖学和生理学教授,出版了《生理学手册》第一卷,并开始流体力学的涡

海德堡

流研究。1857 年起,他担任海德堡大学生理学教授,利用共鸣器分离并加强声音的谐音。1863 年出版了他的巨著《音调的生理基础》。1868 年亥姆霍兹将研究方向转向物理学,于 1871 年任柏林大学物理学教授,这期间,他研究了电磁作用理论。由于他进行了一系列讲演,麦克斯韦的

电磁理论才引起欧洲物理学家的注意,并导致他的学生赫兹在电磁波的研究中取得巨大成就。他还研究过化学过程中的热力学,发表了论文《化学过程的热力学》,并从克劳修斯的方程中导出了早于吉布斯提出的方程,亥姆霍兹导出的方程后来被称为吉布斯—亥姆霍兹方程。

亥姆霍兹不仅对医学、生理学和物理学有重大贡献,而且一直致力于哲学认识论。他确信:世界是物质的,而物质必定守恒。但他企图把一切归结为力,是机械唯物论者,这是当时文化、社会、历史条件的局限性所致。1887 年,亥姆霍兹任国家科学技术局主席。

美国物理家、化学家吉布斯,1839 年 2 月 11 日生

太阳神阿波罗

于康涅狄格州的纽黑文,他的父亲是耶鲁学院教授。吉布斯于 1854—1858 年在耶鲁学院学习,学习期间,因拉丁语和数学成绩优异曾数次获奖。1863 年获耶鲁学院哲学博士学位,留校任助教。1866—1868 年在法、德两国听了不

少著名学者的演讲。1869 年回国后继续任教。1870 年任耶鲁学院的数学物理教授,曾获得伦敦皇家学会的科普勒奖章。1903 年 4 月 28 日在纽黑文逝世。

吉布斯在 1873—1878 年发表的 3 篇论文中,以严密的数学形式和严谨的逻辑推理导出了数百个公式,特别是引进热力学问题,并在此基础上建立了关于物相变化的相律,为化学热力学的发展做出了卓越的贡献。1902 年,他把玻尔兹曼和麦克斯韦所创立的统计理论推广和发展成为系统理论,

傅立叶

从而创立了近代物理学的统计理论及其研究方法。吉布斯还发表了许多有关矢量分析的论文和著作,奠定了这个数学分支的基础。此外,他在天文学、光的电磁理论、傅立叶级数等方面也有一些著述。主要著作有:《图解方法在流体热力学中的应用》《论多相物质的平衡》《统计力学的

基本原理》等。

吉布斯从来都不轻视自己的工作,他认为自己的工作是非常重要的,但从不因为这个重要性炫耀自己的工作。他的心灵宁静而恬淡,从不烦躁和恼怒,是笃志于事业而不乞求同时代人承认的罕见伟人。他毫无疑问可以获得诺贝尔奖,但他在世时从未被提名。直到他逝世 47 年后,才被选入纽约大学的美国名人馆,并立半身像。

能斯脱是德国卓越的物理学家、物理化学家和化学史家,他主要从事电化学、热力学和光化学方面的研究。1887—1906 年在电化学和热动力学方面做出了卓越贡献,提出热力学第三定律,并于 1920 年获诺贝尔奖。热力学第三定律在高炉建造与炼铁等生产

高炉

实践中有广泛的应用价值。1889 年他提出了伽伐尼电池理论,证明伽伐尼电池电动势可用电极的"溶解压力"来解释。他推导出电极电势与溶液浓度的关系式,从此热力学数据便可用电化学的方法来测定。

沿着巨人的足迹

1906年，能斯脱提出了热力学第三定律，断言绝对零度不可能达到。证明热定理可以用于从热化学数据直接计算范托夫方程中的平衡常数 K。能斯脱早年在阿累尼乌斯的影响下引入溶解压概念建立了电池理论，又根据溶度积概念和热定理使平衡条件精密化，后来，他又吸收了量子论成果，为验证热定理而测定了低温固体的比热，引入了"链锁过程"的概念以解释光化学反应机制。能斯脱动手能力很强，先后发明了固体电解质电灯和电子回路钢琴。

人类进入20世纪40年代以后，电化学暂态技术的应用和发展、电化学方法与光学和表面技术的应用使人们可以研究快速和复杂的电极反应，可提供电极界面上分子的信息。电化学一直是物理化学中比较活跃的分支学科，它的发展与固体物理、催化、生命科学等学科的发展相互促进、相互渗透。

历览 化 电 学 常 识 览

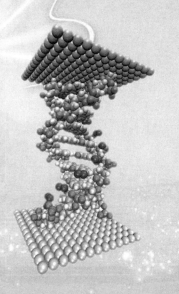

名句箴言

我们只愿在真理的圣坛之前低头，不愿在一切物质的权威之前拜倒。

——郭沫若

化学电源

人类总是在不断地进步，不断创造一个又一个奇迹。化学电源的广泛使用是人类科学技术进步的需要，是人类物质文明提高的需要。人类科学技术的进步和物质文明的提高促进化学电源的生产与研究的迅速发展。

要想了解化学电源的基本原理，就必须关注 1800 年伏打的工作。伏打的早期工作成果形成了现在称为金属的活动顺序表,1839年格罗夫发现并阐述了可认为是燃料电池的装置,1859年普朗特的研制工作导致第一个有实用价值的可反复使

燃料电池

用的电池——铅酸蓄电池的发展。直到今天,铅酸蓄电池仍然是使用最广泛、最经济的二次电池。自从早期研究工作开始以后,许多新型的电池系列不断问世。

化学电源的特点

人类社会要存在和发展,就必须有能源,随着人类社会的进步和生活水平的提高,不仅消耗能量将急剧增加,而且需要提供能量的方式更加多样化。化学电源作为通过化学反应获得电能的一种装置,不仅种类繁多、形式多样,而且可以是再生性能源,由于它自身的特点,所以有着其他能源所不可替代的重要位置。

1.能量转换效率高。如果把化学电源与当今人类普遍

利用获取电能的手段——火力发电相比较,其功率和规模确实远不及火力发明,然而其能量转换效率却远远高于火力发电,从理论上讲,化学电源的能量转换效率可以达到100%。火力发电属于间接发电,能量转换环节多,受热机卡诺循环的限制,效率很低,约有60%—70%的热量白白浪费。化学电源是直接发电装置,以燃料电池为例,实际效率在60%以上,在考虑能量综合利用时其实际效率高于80%。

石油开采

2.污染相对较少。化学电源与通过直接燃烧石油、天然气、煤气获取能量的方式相比,产生的环境污染少。我们知道,随着工业生产的发展,能源的不合理使用已经并且正在继续不断地加重着环境污染。石油、煤炭、天然气燃烧时会排出大量的 SO_2 和气溶胶微粒。面对着日益污染的大气,人类发出"保护大气就是爱惜生命"的呼吁。为此世界各国正在积极研制电动汽车,以达到环保要求,现已有部分样车在运行。

3.便于使用。化学电源的特点还在于具有可携带性、使用方便。它可以做成适合不同工作需要的多种性能的装置，从而为一些用于特殊目的的设备提供电能，这是其他供电方式无法比拟的。

化学电源的分类

化学电源可以按照其使用次数分为：一次电池——主要包括锌锰电池、锌银电池、锌空电池、锂一次电池等；二次电池——又称蓄电池，主要包括铅酸蓄电池、镉镍电池、氢镍电池、钠硫电池等。

化学电源还有一类为满足特殊需要制作的储备电池，这类电池在使用前临时激活。它主要用于在相当短时间内释放高功率的目的，如导弹、鱼雷以及其他武器系统。现正在大力发展的燃料电池，作为一种

导弹

高效、清洁的能量转换装置，在化学电源中有特殊的重要性。

化学电源的性能指标

化学电源的性能指标主要有化学电源的容量、能量和寿命等三个方面。

1. 容量——是指 1 安培电流持续通过 1 小时所给出的电量。其中理论容量是根据活性物质的质量按法拉第定律计算得到的;实际容量是在一定条件下电池实际放出的电量;额定容量是在设计和生产时规定和保证电池在给定的放电条件下应放出最低限度的电量。

2. 能量——是指 1 千克反应物所产生的电能。

3. 寿命——包括使用寿命、充放寿命和贮存寿命。其中充放寿命是指二次电池的充放周期次数。

一次电池

最典型的一次电池是锌银电池,锌银电池主要用于电子、航空、航天、舰艇、轻工等领域。扣式锌银电池是人们最为熟悉的电池,它广泛应用于石英手表、照相机、助听器等小型、微型用电器具。

锌银电池与普通和碱性锌锰电池比较有较高的比能量,并且放电电压比较平稳,使用温度范围广和重负荷性能好。锌银电池的特点还在于自放电小,贮存寿命长。

锌银电池的主要缺点有三个方面:首先,使用了昂贵的银作为电极材料,因而成本高;其次,锌电极易变形和下沉,特别是锌枝晶的生长穿透隔膜易造成短路;锌银电池也可以做成二次电池,但其充放电次数不高。这些缺点限制了锌银电池的发展。

尽管存在上述弊端,但锌银电池适应了化学电源小型化要求,又可作为航空航天等特殊用途的电源,需求量还是呈上升的趋势。

因温度系数数值较小,锌银电池在较大的温度范围内使用不会引起电动势太大的波动。

锌银电池

二次电池

一般来说,二次电池最主要的两种类型是铅酸蓄电池和镉镍电池,虽然它们的理论质量比能量是目前生产的电池中比较低的,但是它们具有能反复充放电的特点,因而深受人们的欢迎。资料表明,当今世界多种多样、不同用途的电池中,就其总产量而言,其中90%是铅酸蓄电池,足见其重要性。

1.铅酸蓄电池。

铅酸蓄电池的生产已有100多年的历史,其特点在于电池电动势较高、结构简单、使用温度范围大、电容量大、原料来源丰富、价格低廉,但也存在比较笨重、防震性差、自放电较强、不注意使用易引起爆炸等缺点。铅酸蓄电池主要用于汽车起动电源、拖拉机、小型运输车和实验室中。

拖拉机

现在使用的铅酸蓄电池都已实现了免维护密封式结构,这是铅酸蓄电池在原理和工艺技术上最大的改进。传统的铅酸蓄电池由于反复充电使水分有一定的消耗,使用者需要补充蒸馏水加以维护。同时在充电后期或过充电时会造成正极析氧和负极析氢,因而电池不能密封,这给使用的方式带来不便。现在采用负极活性物质过量,当充电后期时只是正极析氧而负极不产生氢气,同时产生的氧气通过多孔膜、电池内部上层空间等位置到达负极氧化海绵状的铅,从而生成了水。这样可以减少维护或免维护,同时负极过量而发生"氧再复合"过程,不会使气体逸出,使铅酸蓄电池可以制成密封式。

当然在电极材料上还要由原来的铅锑合金更新为氢超电势较高的铅钙合金;使负极活性物质的量大于正极活性物质的量;使电解液减少到致使电极

蓄电池

露出液面的程度;并选择透气性好的隔板,氧气在负极"吸收",用以达到密封的目的,这在蓄电池中是个共同的特点。

2.镉镍电池。

镉镍电池是一种新兴的电池,它的研究虽然比铅酸蓄电池晚,但有许多较铅酸蓄电池的优越之处,比如它的寿命长、自放电小、低温性能好、耐过充放电能力强,特别是维护简单,而且其密闭式电池可以以任何放置方式加以使用,无需维护。其缺点是价格较贵、有污染,然而一只镉镍电池至少可重复充放电使用数百次,这样使用镉镍电池往往比干电池还便宜。

镉镍电池是使用最广泛的化学电源之一。小至电子手表、电子计算器、电动玩具、电动工具的使用以及用作高级计算机中的金属氧化物半导体器件和信息贮存器的电压保持等,大至矿灯、航标灯乃至行星探测器、大型逆变器等也都使用镉镍电池。密闭式镉镍电池最初用于飞机起动、火箭和 V—2 型导弹上,从而开创了这种碱性蓄电池在空间应用的领域。

我国科学实验卫星就是在卫星表面有 28 块太阳电池方阵与镉镍电池组配对,在卫星阴影里由镉镍电池组供电,二者共同作为卫星的长期工作电源。应该指出:由于镉电

卫星

极的污染,镉镍电池的研制和生产已经蒙上了一层阴影,代

之而起的是氢镍电池等。

3.其他二次电池。

老一代镉镍高容量可充式电池现在已经基本上被淘汰了,因为镉有毒,废电池处理复杂,发达国家已禁止使用。因此氢镍电池,特别是金属氢化物作为负极,正极仍为 NiOOH 的氢镍电池发展迅速,其电池反应为:

$$NiOOH + H_2 = Ni(OH)_2$$

如果以 $LaNi_5$ 作为电极材料,则放电时从 $LaNi_5$ 放出氢,充电时则反之。这样的贮氢材料主要是某些过渡金属、合金、金属间化合物,由于其特殊的晶格结构等原因,氢原子比较容易透入金属晶格的四面体或八面体的间隙并形成金属氢化物,这类材料可以贮存比其体积大 1000—1300 倍的氢,可供发展氢镍电池为二次电池的贮氢材料。

除 $LaNi_5$ 外,还有其他一系列取代和改性化合物,如 LaNiAl、LaNiMn、LaNiFe 以及富镧混合稀土化合物。据报道,这些化合物的最高贮氢量可达

笔记本电脑

$260cm^3/g$,其放电量一般可比镉镍电池高 1.8 倍,可充放电

1000 次以上。这类电池在宇航、笔记本电脑、移动电话、电动汽车等行业中将得到广泛应用。目前我国已有氢镍电池的自主知识产权,已建立许多生产线。美国欧文尼电池公司和日本松下公司的产品,年销售额已超过百万美元。

除了以上提到的二次电池,尚在大力研发阶段的碳纳米管也是人类理想的二次电池。自从 1991 年碳纳米管被人类发现以来,就一直被誉为未来的材料。5 万个碳纳米管并排起来只有人的一根头发丝宽,实际上是一种长度和直径之比很高的纤维。它韧性极高,兼具金属性和半导体性,强度比钢大 100 倍,比重只有钢的 1/6,其潜在用途十分诱人。

燃料电池

一次电池和二次电池都有其各自的优越性,但比起燃料电池来它们还是要逊色许多。燃料电池是借助于在电池内发生的燃烧反应将化学能直接转换为电能的装置。它不同于一次电池和二次电池,一次电池的活性物质利用完毕就不能再放电,二次电池在充电时也不能输出

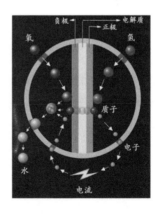

燃料电池工作原理

电能,而燃料电池只要不断地供给燃料,就像往炉膛里添加煤和油一样,它便能连续地输出电能。一次或二次电池与环境只有能量交换而没有物质的交换,是一个封闭的电化学系统,而燃料电池却是一个敞开的电化学系统,与环境既有能量的交换,又有物质的交换,因此它在化学电源中占有特别重要的地位。

燃料电池最早可以追溯到 1839 年英国人格罗夫所进行的实验。当时,他成功地进行了传统的电解水的逆反应,即在硫酸中插入两个铂电极,分别向两极供应氢气和氧气之后产生了电流,他还将这样的 26 个电池组成电池组,该装置产生的电流足以使另一个铂—硫酸系统中的水发生电

解。1889 年,英国人蒙德和兰格首先采用燃料电池这一名称。他们用上述装置获得了大约 0.2A /cm² 的电流密度,这已经可以和近代实验相媲美了。可是,以后的一段时

潜艇

间里,燃料电池并无进展,因为这时由机械能直接变为电能的发电机问世了,使得人们对燃料电池的兴趣差不多推迟

了 60 年。从电化学本身来看,当时仅电化学热力学方面有所进展,而对电极反应动力学方面知之甚少,也使燃料电池难以发展。

最早达到实用功率水平的燃料电池是在 20 世纪 50 年代英国剑桥的贝肯用高压氢、氧气体制造了功率为 5 千瓦的燃料电池,其工作温度为 150℃。随后建造了一个 6 千瓦的高压氢氧燃料电池的发电装置。进入 20 世纪 60 年代,该系统加以发展,成功地用来给阿波罗登月飞船提供电力。目前,燃料电池作为载人飞船的主电源进行短期飞行,已证明是可行的。美国的"天空实验室"和"哥伦比亚号"航天飞机、苏联的"礼炮 6 号"轨道站均采用了燃料电池作为主电源。除了用于航天工业外,在地面实用燃料电池电站的研究中,几兆瓦级的磷酸燃料电池的发电装置已经研制成功,从几瓦到几千瓦的小功率燃料电池早已在潜艇、灯塔、无线电台等方面应用。现在人们又把

发电机

电动汽车的动力寄希望于燃料电池。

短短的 30 年间,燃料电池经历了磷酸、熔融碳酸盐和固体电解质三种类型电解质的发展阶段。然而,一切已有

的燃料电池研究及应用情况都没有达到普遍的民用商业化程度,而为了达到这个目标尚需付出很大的努力,那么为什么许多国家仍然拨出巨资来发展燃料电池,它为什么具有这么大的吸引力呢?这是和燃料电池所具有的优点分不开的。

燃料电池最大的优点是能量转换效率高,它的转换效率比热机和火力发电的能量转换效率高。无论是热机还是它带动的发电机组,其效率都受到卡诺热机效率的限制,目前汽轮机或柴油机的热机效率最大值仅为40%—50%,当用热机带动发电机发电时其效率仅为35%—40%,燃料电池理论上的能量转换效率在100%。在实际应用时,考虑到综合利用能量时,其总效率有望在80%以上。

由于燃料电池需要不断地提供燃料和移走反应生成的水和热量,因此需要一个比较复杂的辅助系统。特别是如果燃料不是纯氢,而是含有杂质或简单的有机物时,就必须有净化装置或重整设备。同时还应考虑到能量综合利用的问题,体现这个问题的最典型的例子是氢氧燃料电池。

不仅氢氧燃料电池,其他反应物的燃料电池的标准电动势也可以通过热力学数据计算得出。许多燃料电池的温度系数是负值,即随着温度升高,电池电动势下降,但是,从动力学角度来看这是有利的。因为温度升高,加速了电化学反应,降低了活化超电势,同时,使电解质的电阻减小,使电池性能得到改善,所以燃料电池经常采用高温下工作或以熔盐作为电解质,以使电极反应和输运过程中的超电势大为减少。在通电时,电池电压依然相当好地接近可逆电动势。

氢在负极氧化是氢离解为氢原子进而丢失电子成为氢离子的过程,其他有机化合物燃料需催化裂化或重整获得氢而后在负极上氧化,所以负极氧化过程是析出氢气的逆过程,在燃料电池中氢电极亦称为燃料极。

氢的负极氧化过程远没有氢析出的还原过程研究得详细,但是依照动力学原理,对正反应过程具有催化作用的电极,必然也对逆反应过程具有催化作用,因此实际上析氢电极过程为氢离解电极过程提供了不少信息。

燃料电池中的超电势主要来自氧电极,其反应机理也较复杂。总体上来看,燃料电池将在 21 世纪得到推广。

新型化学电源

1. 锂电池。

无论是出于民用需要还是出于军用需要,人们都迫切需要重量轻、体积小、性能高的电源系统。这必须要求电极电势最负的轻金属作为负极活性物质,而以电极电势较正的卤素和氧族元素或它们的化合物作为正极活性物质,因此形成了锂电池系列和钠电池系列。

锂是人们急于利用但又会带来诸多困难的一种电极材料。一直到 20 世纪 50 年代哈里斯指出:锂在丁丙酯等溶剂中是稳定的,锂盐在这些溶剂中的溶解度足以满足电池电导的需要,锂电池的研究这才真正开始了。

锂电池

庆幸的是,现在我们已经能够对锂电池进行应用。锂电池的应用十分广泛,不仅在空间计划中使用,而且作为通信设备、监视装置、电子器件的支持电源,医疗上的心脏起搏器以及高级石英手表等都已使用锂电池。

很多的人都认为,锂电池在贮存时由于锂自身的电极电势很强,即使采用非水无机电解质,也会与锂发生反应,产生自放电,贮存寿命大为降低。然而事实上锂电极却可以在这些溶剂中相对稳定存在,原因在哪里?现在普遍的看法是锂和溶剂反应后在电极表面生成了保护膜,这才使制造锂电池成为可能。这种保护膜不溶于有机或无机电解质，从而保证了锂电池的贮存寿命。现在认为锂电极的膜是由双层膜组成，紧靠着锂电极的是薄而致密的紧密层，它不能传导电子却具有固体离子晶体的性质，紧密层的外层又生长一层厚而多孔的松散层，这两层膜都对放电时电压滞后带来影响。

2.导电高聚物电池。

如果在 40 年前，有人说高分子聚合物能够导电，那肯定没有人会相信，但是在 1971 年这一说变成了事实，日本的白川芙树用特殊催化剂制成聚乙炔，从此聚乙炔作为一种导电高分子吸引了众多的物理学家和化学家对它进行系统的研究。1981 年，第一个聚乙炔电池面世，采用的是聚乙炔膜正极、锂片负极、$LiClO_4$ 电解质和碳酸丙二酯为溶剂。

继聚乙炔之后，经研究其他共轭系统聚合物，又发现和制成了几十个可导电的品种，其中有聚吡咯、聚噻吩、聚苯胺、聚对苯和聚对亚苯乙烯等，电导率可达 100—103 S /cm

镉镍电池

数量级,这些聚合物的环境和化学稳定性比聚乙炔优越得多,从聚合物电池的性能数据看,其电池电动势、电极寿命、放电效率都较高,自放电较低,已经达到或接近实用要求,其质量比能量已超过铅酸蓄电池、镉镍电池等。

导电聚合物为何会有与金属相媲美的导电率?这是由于其特殊的载流子所造成的。我们知道,金属靠电子导电,其导电活化能约为 10^{-2} eV 数量级;半导体是依靠空穴和电子作为载体,其导电活化能较金属大两个数量级左右;作为导电高聚物与传统的金属或半导体的三维结构有根本的区别,导电聚合物必须用"一维晶格"结构模型来近似。

理论已证明,由于价电子与晶格原子核之间的相互作用,使得等间距的晶格发生畸变,单双键交替结构的分子链变成 A 相或 B 相分子链段,而在其结色素增感型太阳能电池合部的局域化状态称为孤子,生成能

太阳能电池

仅约 0.4eV,有效质量是电子的 6 倍,运动活化能仅 0.

002eV。孤子在分子链上运动时,类似于运动流体中驻波,不改变自己的形状。也可以把孤子看成分子链长短键交替结构的一种激发态,它既有波动性,又有粒子性,既容易产生,又容易运动,正是这种特殊的结构和电荷传递的方式形成了导电聚合物。

3. 液结光伏电池。

在所有的能源中,太阳能是一种取之不尽、用之不竭的能源,它既清洁又廉价,但是人类现在对太阳能的利用却十分有限。采用半导体的固结原理制成的固结太阳能电池,由于其要求半导体纯度很高,而光能转换效率尚不尽如人意,只能在特殊场合使用。假如把比较

法国科学家贝克勒尔

容易制备的半导体电极插入电解质溶液,在光激发下半导体产生光生空穴或光生电子,与电解质溶液中的离子发生

电化学反应而产生电能或转化为其他形式能量,将使光电化学效应在利用太阳能上有所作为。

法国人贝克勒尔早在 1839 年就在实验中观察到光电化学效应,但光电化学引起充分重视并得到迅速发展只是近几十年的事,除了建立起理论的半导体/电解质溶液的简单模型,进行了大量的光电极和电解质溶液的选择,最有价值的实验当属 1972 年日本人藤岛昭和本田进行的光助电解水获得氢气的实验。

在溶液中电解水理论上需要施加 1.23 伏特的外压,而采用半导体 TiO_2 光电极加以光照后,根据使用的电极材料和电解质的不同,仅需 0.3—1V 的外压,"免费"利用阳光,节省电能又获得氢能,给光电化学效应的实际应用带来了希望。由于光电化学电池对电极材料的要求并不像固体太阳电池那样严格,甚至多晶半导体也可使用,大大降低成本,因此,尽管目前还存在电极材料的稳定性不高、太阳能转换效率普遍较低等困难,但其前景是比较乐观的。

生物电化学

电化学中的生物学

1.在生物体内进行的绝大部分化学反应都是氧化还原反应,例如为生命需要进行的新陈代谢。

2.光合作用包括吸收分子的电子激发过程、膜上产生的电子和质子转移过程和代谢化学反应。

3.膜现象几乎完全控制着离子和分子等物质从活细胞外部向内部或反方向的传输,离子有方向性地运动造成了跨膜电位差,调节着一系列的物质运输。

生命

4.生物体所需的信息过程几乎都是通过电信号方式发生的,出现一系列电生理现象,包括视觉、动作、痛觉、热刺激、饥饿和干渴感等等。

5.用一定周期和幅度的适当电脉冲在膜中生成微孔,使物质更容易跨膜转移,有可能实现细胞融合和基因摄取。

6.生物电化学方法对各种疾病的治疗涉及生物传感器、燃料电池、人工器脏、电刺激和电麻醉、食品控制、环境保护等多方面的应用。

电脉冲

1.电脉冲基因直接导入是基于带负电的质粒 DNA 或基因片断在高压脉冲电场的作用下被加速"射"向受体细胞,同时在电场作用下细胞膜的渗透率增加,使基因能顺利导入受体细胞。由于细胞膜的电击穿的可逆性,除去电场,细胞膜及其所有的功能都能恢复。

2.电场加速作物生长是现在很流行的一个研究课题:有报道称让玉米和大豆苗在培养液中培养,同时加上电脉冲进行刺激,6 天后与对照组相比,这组加了电脉冲的秧苗根须发达,生长明显加速,据称其原因可能是电场激励了生长代谢的离子泵。

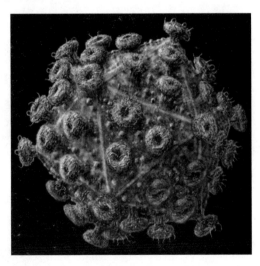

癌病毒

3.癌症的电化学疗法是瑞典放射医学家诺登斯强姆开创的治疗癌症的新方法。其原理是:在直流电场作用下引起癌灶内一系列生化变化,使其组织代谢发生紊乱,蛋白质变性、沉淀坏死,导致癌细胞破灭。一般是将铂电极正极置于癌灶中心部位,周围扎上1—5根铂电极作为负极,加上6—10V的电压,控制电流为30—100mA,治疗时间2—6小时,电量为每厘米直径癌灶100—150K。此疗法已在推广用于肝癌、皮肤癌等的治疗,对体表肿瘤的治疗尤为简便、有效。

传感器

传感器一般情况下由敏感元件、转换元件、电子线路及相应结构附件组成。生物传感器是指用固定化的生物体成分或生物体本身作为感元件的传感器。电化学生物传感器则是指由生物材料作为敏感元件,电极

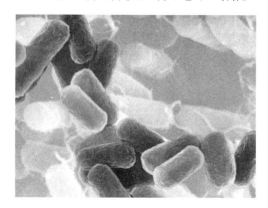

微生物

作为转换元件,以电势或电流为特征检测信号的传感器。根据作为敏感元件所用生物材料的不同,电化学生物传感器分为酶电极传感器、微生物电极传感器、电化学免疫传感

器、组织电极与细胞器电极传感器、电化学 DNA 传感器等。

1. 生物电化学传感器。

生物电化学传感器由以下两方面组成：(1)感受器，由具有分子识别本领的生物物质，如酶、微生物、动植物组织切片、抗体或抗原等组成。(2)信号转换部分，称为基础电极或内敏感器，是一个电化学检测元件，即将生物信号转换成定量的电信号或光信号。

生物物质的固定：自组装膜法、共价键合法、包埋法、吸附法、合成法和 LB 膜法等。测量方法的选择在很大程度上取决于生化过程的本质。

2. 基因传感器。

基因检测一般采用直接测序或杂交检测两种方法。杂交法简单、易行，基因传感器即是基于杂交法。基因传感器的工作原理很简单：将单链 DNA 探针固定在载体表面，与互补的靶序列杂

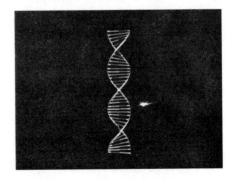

DNA

交，利用各种换能器放大杂交信号进行检测。杂交时，探针与靶序列之间通过氢键形成双螺旋结构，由于这种双螺旋结构的形成具有很强的选择性，因此 DNA 探针能在含有多

种非互补序列的混合物中识别出靶序列。

3. 全固态气敏微电极传感器件的制作。

圆盘工作电极用直径 $30\mu m$ 的细金丝与玻璃毛细管烧制而成。借助化学银镜反应，在管封口端外壁镀上一薄层银，依次用金相砂纸和不同粒度的氧化铝乳液抛光其端面，露出 Au 微圆盘工作电极及其外围同心的 Ag 圆环对电极。经超声清洗干燥后，将电极端面垂直浸入预先配制的溶胶液中，之后以 $5cm/min$ 的速度提拉出液面，黏附电极表面的薄层溶胶膜在空气中凝聚，固化为聚合物电解质膜。如此，由 Au 微圆盘工作电极和 Ag 圆环对参比电极以及附着电极表面的固体聚合物电解质膜三者一体，制成了结构紧凑的全固态气敏微电极传感器件。

人体内的电化学

人们常说，生命过程就是一个电化学过程，人体总是不知不觉在进行很多的反应。科学家们已发现，生物体内许多重要的生理过程都与电化学有密切的关系，如营养物质的吸收和加工、神经系统中信息的传递和视觉的产生、物质氧化过程的能量贮存等等。

人体的电化学反应对科学研究来说有极其重要的生物学意义和临床意义。当人们处在紧急危险状态时，神经系统在瞬间即可向身体各器官发出各种指令,使其功能出现相应的变化,以保持机体与环境的统一与平衡。由于人体器官在电化学反应过程中都有生物电流出现,而且有其各自的参数,因此根据这些指标可以辅助判定人体的健康状态,如我们熟知的心电图、脑电图检查就是为了这一目的。

为什么人体会出现电化学反应呢?因为人体既是一个"蓄电池"也是一个"化工厂",可以生电也能合成化学物质。比如神经细胞,用一个精密的电充计,一极放置在细胞膜表面,另一极放置在膜

心电图机

内面,就可测得 90mV 左右的电位差,经科学家研究证实这是由离子电流形成的。因为在细胞膜表面人带正电荷的钾离子,在膜内面有带负电荷的有机离子,因此存在电位差,从而形成离子电流,并且可以传导。如果对神经纤维末梢释放的物质进行微量分析,又可发现一种乙酰胆碱的化学物质,它就是神经细胞利用原料在酶的作用下合成的。当神经细胞接收信息以后即可引起生物电传导和化学物质的

分泌,这种电化学过程又可作为信息传递给其他神经细胞,这样神经系统的信息传递功能就得以实现了。

总之,电化学反应过程与生命过程有着极为密切的关系,对电化学反应过程的深入研究能为理解与揭示生命的奥秘、促进人类健康长寿提供有力的科学手段。

神经信号的传递

神经信号是如何从一个神经细胞传到另一个神经细胞的? 这是神经科学家们研究的一个焦点问题。当前占统治地位的学术观点是:前一级神经细胞在"兴奋"时将产生一个电冲动,在电冲动期间细胞外的钙离子可以流入该细胞内,流入的钙离子导致该细胞分泌一些活性分子传递到相邻的下一级神经细胞的外表面。细胞膜表面的"受体"膜蛋白分子与神经递质结合,即可导致第二级神经细胞产生

神经细胞

电冲动。以此类推,神经信号便一级一级地传递下去,从而构成复杂的信号体系,乃至最终出现学习、记忆等大脑的高级功能,这就是钙离子指挥的神经递质释放和神经信号转导机制。

我国科研人员发现,与钙离子无关的、单纯由神经电压冲动导致的神经传导可能对神经信号的转导和信息整合产生重要影响。这一发现还向神经科学研究提出一系列新问题。据透露,至少在某些神经类细胞中存在钙离子导致的神经递质分泌途径。此外,这种"非钙电压—分泌偶联"信号转导的分子机制也成为神经科学研究需要进一步解决的重要课题。

光电化学

半导体概述

我们经常听到半导体三个字，那么半导体究竟是什么呢？半导体是由大量原子组成的晶体，原子的紧密堆积使相邻原子各相邻轨道互相重叠，形成了电子运动的共有化。也就是说，电子已不属于个别原子而为整个晶体所共有。这就意味着在晶体中相应电子层应有大量能级组成,容纳众多的电子。同时为保证这些电子能自由移动,这些能级非常接近,形成相应的能带区。容纳电子的能带称为价带,Ev 表示价带顶的能级;价带之上是空带,最低空带称为导带,Ec 表示价带底的能级;导带与价带之间是禁带,Ev 和 Ec 之差称为禁带宽度 Eg。

半导体路灯

我们在日常生活中使用的半导体不是纯粹的半导体,都是掺杂质的半导体,杂质能级处在禁带之中,n—型半导体的杂质能级偏上靠近导带,此时杂质为施主。施主的电离使导带获得电子,施主带正电荷,因此导带电子浓度远远大于价带空穴浓度,电子是多子,空穴是少子;p—型半导体的杂质能级偏下靠近价带,杂质为受主。受主的电离价带的空穴,受主带负电荷,因此价带空穴浓度远大于导带电子浓度,空穴是多子,电子是少子。价带中少数电子因热运动跃迁到导带,导带获得电子的同时价带留下空穴。

费米能级 Ef 相当于单个电子的电化学位,用单个电子在真空中的能级为零作为参考点来表示 Ef 的值。本征半导体的费米能级为于禁带中线,n—型半导体的 Ef 稍低于 Ec,但高于溶液中氧化还原对的费米能级 Eredox;p—型半导体的 Ef 稍高于 Ev,但低于溶液中氧化还原对的费米能级 Eredox,电子总是从高的费米能级流向低的费米能级。半导体的费米能级 Ef 总是负值,在能级图中,向上是能级增加的方向,最大值为零。

半导体的性质

半导体在光照下受激发产生电子—空穴对,电子与空穴由于静电相互作用束缚到一起,它们被称为激子,激子的能级位于导带下缘稍低处,它表示电荷载体处在彼此不能独立运动的束缚状态,由于激子的最低激发态非常接近导带,所以热激活常常导致激子衰变而产生自由的电荷载体即光生载流子。光生载流子在半导体空间电荷层电场的作用下的迁移过程、浓度梯度场驱动的扩散过程、半导体表面

态和内部陷阱引起的复合过程以及与溶液中的氧化还原对之间的电化学传荷过程是用来输送或消耗掉这些光生电子

一空穴对的,而在上述诸过程中,只有电化学传荷过程才能引起流经辅助电极并与外电路构成回路的电流,即光电流,它的大小与上述诸过程有关。在一般情况下,光照对少子影响较大。半导体电极的光电流－电压

半导体打标机

关系表现出单向特征,n－型半导体电极在光照下产生阳极光电流;而在 p－型半导体电极上则产生阴极光电流。影响半导体光电流强度的主要参数有入射光的波长和强度、半导体材料的禁带宽度、半导体平带电位、半导体电极材料表面状态以及溶液组成。光照只能在半导体的一定厚度内产生影响,半导体内部的电子和空穴仍处在平衡态。

半导体的能带弯曲量可以通

半导体电话

过调节外加电压或入射光的强度来改变。如果半导体电极
接入外加电位,空间电荷层中的载流子密度将发生变化,能
带弯曲状况也随之改变。对于 n－型半导体调节电压往负
方向变化时,由于大量额外电子的进入,将使能带弯曲量减
小,费米能级的位置往上移,当电位足够负时能带被拉平。
对于 p－型半导体调节电压往正方向变化时,外电源不仅抽
走了导带中的电子,而且抽走了价带中的部分电子,从而将
使能带弯曲量减小,电位足够正时能带被拉平,能带被拉平
时的电极电位称为平带电位。

半导体光电化学反应

半导体光电化学过程是指分子、离子以及半导体固体
等因吸收光子而使电子处于激发态产生电荷传递的过程。
光电化学的过程较为复杂,按不同的反应历程大致可分为
以下几种:

1.半导体光电化学过程。

光电化学过程是指当光照射在半导体/溶液界面上时
可引起半导体电极电势的变化,从而使某些反应粒子处于
激发态进而发生反应的过程。

2.半导体光催化过程。

半导体光催化过程是指利用半导体微粒作为催化剂,

当用光照射时,催化剂吸收光产生电子和空穴,它们分别与溶液内的化学粒子反应,即光催化反应。

3.光激发后粒子的电荷迁移过程。

将一些与宽禁带半导体的导带和价带能量相匹配的有机染料吸附到半导体表面上,利用染料将体系的光谱响应延伸到可见光区,这种现象称之为半导体的染料敏化作用。光照射时,染料内的电子将从基态到激发态,这样电子便可在电极与染料的基态或激发态之间移动。

4.分子或离子的光催化过程。

溶液中的色素分子或金属络合物因吸收光而具有能保持一定寿命的激发态,激发态分子或离子中的电子从基态能级向激发态能级迁移,这样在基态能级上留下空穴,电子和空穴分别与受体和施主作用后,色素分子或金属络合物又恢复到原态,此即分子或离子的光催化过程。

5.光伽伐尼过程。

溶液中的色素分子等化学粒子吸收光后处于激发态,接着向近旁的受主或施主进行载流子迁移,然后生成物粒子再向电极表面扩散,最后在电极表面上进行放电。

6.电化学发光过程。

电化学发光又称电致化学发光,是电极反应的产物之间或电极产物与体系中某组分进行化学反应产生的一种光辐射的过程。有从电极表面膜发光,有因电极反应与输入的电子再结合而发光,有伴随电极反应的随后反应发光。

7.光合成模拟过程。

绿色植物等的光合作用为太阳能－化学能的转换过程,光激发初期的过程同半导体光电极过程很相似。

光电化学中的问题

1.光电转换效率低。

2.光复合:由于存在表面态和内部陷阱,捕获导带中的电子和价带中的空穴将引起表面复合过程,会造成能带弯曲量增大、复合电流减小。

3.光腐蚀:半导体的光腐蚀表现为阳极的溶解或阴极的表面还原,半导体阳极溶解的速度决定步骤总是以空穴为反应剂,而阴极还原的快速步骤则总是以电子为反应剂。

半导体冰箱

这是因为表面上存在的空穴相当于价带的成键轨道失去电子,从而削弱邻近原子间的化学键,并使这些原子易于同溶液中的亲和试剂作用而从固体上溶解下来；另一方面，如果导带电子占据反键轨道，同样会使邻近原子间的化学键削弱，并使这些电子易于同溶液中的亲电试剂作用。窄禁带半导体材料电极易于被光腐蚀。

光敏太阳能电池

以纳米多孔 TiO_2 膜为半导体电极，以有机化合物为染料，并选用适当的氧化还原电解质制成的一种纳米晶网络太阳能电池叫作光敏太阳能电池。纳米晶半导体膜的多孔性使得它的总表面积远远大于其几何面积，单分子层染料吸附到半导体电极上时，由于其巨大的表面积可以使电极在最大波长处附近捕获光的效率达到100%。将一些与宽禁带半导体的导带和价带能量相匹配的有机染料吸附到半导体表面上，利用染料对可见光的强吸收特性从而将体系的光谱响应延伸到可见光区，光的捕获由敏化剂完成，当敏化剂受光激发后，染料分子从基态跃迁到激发态，再将电子注入到半导体的导带中，注入到导带中的电子可以瞬间到达膜与导电玻璃的接触面流到外电路，产生电流。

半导体纳米粒子的基本光电化学性质：

在纳米尺度范围内，半导体超微粒显示出与块体不同的光学和电学性质。

1.表面积大,光吸收系数大,可捕获较多的太阳光能,提高光的利用效率。

2.随着粒径减小到纳米级时,单个纳米粒子所拥有的原子数目就较少,因而这些原子所形成的固体导带或价带能带不再是连续的,而是具有高壁的势井,成为分立的能级,这样就产生量子尺寸效应,因而有效带隙 E_g 增大吸收光谱域值向短波方向移动,从而造成吸收转移。在这种效应的作用下,纳米粒子的光生电子与块体相比则具有更负的电位,相应地具有更强的还原性,而光生空穴因具有更正的电位而具有更前的氧化性。

3.由于纳米粒子的尺寸小于载流子的自由程,因此可以降低光生载流子的复合程度。

太阳能怎样分解水制氢

地球的发展是一个漫长的历程,自地球上出现生命以来,万物的生长都需要太阳。光合作用是绿色植物和藻类植物在可见光作用下将二氧化碳和水转化成碳水化合物的过程。人类赖以生存的能源和材料都直接地或间接地来自光合作用。石油、煤、天然气等化石燃料就是自然界留给我们的光合作用的产物。

生产在飞速地发展,世界在飞速地变化,大自然留给我

们的能源越来越短缺,这就激发了各国的科学家对光合作

用及其模拟的研究。如果只从能源上考虑,光解水制造氢是太阳能光化学转化与储存的最好途径。因为氢燃烧后只生成水,不污染环境,是便于储存和运输的可再生能源。如果把太阳能先转化为电能,则光解水制

藻类植物

氢可以通过电化学过程来实现。绿色植物的光合作用就是通过叶绿素吸收太阳光,把光能转化为电能借助电子转移过程将水分解的。

从太阳能利用角度看,光解水制氢过程主要是利用太阳能而不是它的热能,也就是说,光解水过程中首先应考虑尽可能地利用阳光辐射中的紫外光和可见光部分,据此,太阳能分解水制氢可以通过三种途径来进行。

绿叶中含有叶绿素

　　1.光电化学池。

光电化学池指的是通过光阳板吸收太阳能并将光能转化为电能。光阳板通常为光半导体材料,受光激发可以产生电子空穴对,光阳极和对极组成光电化学池,在电解质存在下,光阳极吸光后在半导体带上产生的电子通过外电路流向对极,水中的质子从对极上接受电子产生氢气。

2.光助络合催化。

光助络合催化指的是人工模拟光合作用分解水的过程。在绿色植物中,吸光物质是一种结构为镁卟啉的光敏络合物,它传递电子通过醌类。具有镁卟啉结构的叶绿素分子通过吸收 680mm 可见光诱发电荷分离,使水氧化分解而释氧,与此同时,质醌发生光还原。从分解水的角度而言,在绿色植物光合作用中,首先是应该通过光氧化水放氧储能,然后才是二氧化碳的同化反应。

由于氧化放氧通过电荷转移储存了光能,在二氧化碳同化过程中与质子形成碳水化合物中间体只能是一个暗反应。只从太阳能从光化学转化与储存角度考虑,无疑光

绿色植物

合作用过程是十分理想的。因为它不但通过光化学反应储存了氢,同时也储存了碳。但对于太阳能分解水制氢,所需要的是氢而不是氧,则不必从结构上和功能上去模拟光合作用的全过程,而只需从原理上去模拟光合作用的吸光、电荷转移、储能和氧化还原反应等基本物理化学过程。

3. 半导体光催化。

半导体光催化在原理上类似于光电化学池,细小的光半导体颗粒可以被看成是一个个微电极悬浮在水中,它们像太阳极一样在起作用,所不同的是它们之间没有像光电化学池那样被隔开,甚至对级也被设想是在同一粒子上。在半导体微粒上可以担载铂,有人把铂作为阴极来看待,但从铂的作用机制上看更像是催化剂。因为在没有"外电路"只有水作为电解质的情况下,光激发所产生的电子无法像在体系外的导体中一样有序地从"光阳极"流向"阴极",铂的主要功能是聚集和传递电子促进光还原水放氢反应。和光电化学池比较,半导体光催化分解水放氢的反应大大简化,但通过光激发在同一个半导体微粒上产生的电子——空穴对极易复合。尽管半导体光催化循环分解水同时放氢放氧未能实现,像络合物催化光解水一样必须在反应体系中加入电子给体或受体分别放氢放氧,但半导体光催化的发展为光催化研究打开了若干新的领域。

名句箴言

错误经不起失败，但是真理却不怕失败。

——泰戈尔

环境电化学

环境电化学分析

与气相色谱、原子吸收光谱相比，电位法、库仑法、电流法、电导法等技术测定污染物应用虽然较少，但是优势在于和其他技术的联用。例如，电化学检测器与毛细管电泳、离子色谱组成的仪器已取得很好的应用,电化学检测器与流动注射分析体系联用在分析大批量样品方面则具有很大的优势。实验表明,电化学法在测定重度污染水质中的氧化还原组分时的灵敏度和选择性也远远优于 UV。

环境污染物电化学分析方法主要有以下几种:

1. 电位分析法。

电位法在衡量金属形态分析方面最为有效、常用的技术有循环伏安法、微分脉冲阳极溶出伏安法和离子选择性电极等。

离子选择性电极常用于测定饮用水、河水、江口、污水、锅炉水、冷凝水和海水中的 F^-、NO_3^-、氰化物、亚硫酸盐、氨、铵盐及金属离子等。电位测定法与 FIA 技术联用可处理大批的环境样品,常用于测定饮用水和天然水中的硝酸

饮用水

根、氮、钙和硫酸根。电位法还可以测定气态污染物,如 As、SO_2、和 CO_2 等。

2. 电流分析法。

电流法是在工作电极和辅助电极之间加一定的电位差,利用待测物在电极表面上进行的氧化还原反应记录与

待测物有关的电流信号而进行的定量分析。流动安培检测器的应用是当前电化学分析中很活跃的领域,可用于检测一些重要的有机污染物,如抗氧化剂、邻苯二酚、氯酚、氯代羟基联苯、酚、甲氧基酚、苯胺和氯代苯胺等。

3.溶出分析法。

溶出法是电化学方法中很重要的一种衡量分析方法。它对某些物质的测定有很高的灵敏度,较好的精密度和准确度,仪器设备简单易得。大约有40多种元素可以用溶出

水污染

伏安法进行测定,检测限可达 10^{-11} mol/L。

4.库仑分析法。

主要应用于自动连续测定大气和水质污染物方面。

电化学水处理技术

1.电化学水处理技术的发展概况。

电化学水处理技术兴起于 20 世纪 60 年代初期,那时

随着电力工业的迅速发展,电解法已经引起人们广泛的关注。传统的电解反应器采用的是二维平板电极,这种反应器有效电极面积很小,传质问题不能很好地解决,而在工业生产中,要求有高的电极反应速度,所以客观上需要开发新型、高效的电解反应器。

1969年,流化床电极的设计方案提出。这种电极与平板电极不同,它有一定的立体构型,比表面积是平板电极的几十倍甚至上百倍,电解液在孔道内流动,电解反应器内的传质过程得到很大的改善。

1973年,古德里奇与合作者研制成功了双极性固定床电极。内电极材料在高梯度电场的作用下复极化,形成双极粒子,分别在小颗粒两端发生氧化还原反应,每一个颗粒都相当于一个微电解池。由于每个微电解池的阴极和阳极距离很小,迁移就容易实现。同时,由于整个电解槽相当于无数个微电解池串联组成,因此效率大大提高。

2.电化学水处理技术。

电化学水处理技术的基本原理是使污染物在电极上发生直接电化学反应或间接电化学转化,即直接电解和间接电解。

直接电解是指污染物在电极上直接被氧化或还原而从废水中去除。直接电解可分为阳极过程和阴极过程。阳极过程就是污染物在阳极表面氧化而转化成毒性较小的物质或易生物降解的物质,甚至发生有机物无机化,从而达到削减、去除污染物的目的。阴极过程就是污染物在阴极表面还原而得以去除,主要用于卤代烃的还原脱卤和重金属的回收。

水的污染现场情况

间接电解是指利用电化学产生的氧化还原物质作为反应剂或催化剂,使污染物转化成毒性更小的物质。间接电解分为可逆过程和不可逆过程。可逆过程是指氧化还原物在电解过程中的电化学再生和循环使用。不可逆过程是指利用不可逆电化学反应产生的物质,如具有强氧化性的氯酸盐、次氯酸盐、H_2O_2 和 O_3 等氧化有机物的过程,还可以利用电化学反应产生强氧化性的中间体。

另外根据具体的使用方法还可分为:

1.电凝聚电气浮法。

在外电压作用下,可溶性阳极被氧化产生大量阳离子继而形成胶体使废水中的污物凝聚,同时在阴极上产生大量氢气形成微气泡与絮粒黏附在一起上浮,这种方法称为电凝聚电气浮。在电凝聚中,常常用铁铝做阳极材料。

2.电沉积法。

利用电解液中不同金属组分的电势差,使自由态或结合态的溶解性金属在阴极析出。适宜的电势是电沉积发生的关键,无论金属处于何种状态,均可根据溶液中离子活度的大小,由能斯脱方程确定电势的高低,同时溶液组成、温度、超电势和电极材料等也会影响电沉积过程。

3.电化学氧化。

电化学氧化分为直接氧化和间接氧化两种,属于阳极过程。直接氧化是通过阳极氧化使污染物直接转化为无害物质。间接氧化则是通过阳极反应产生具有强氧化作用的中间物质或发生阳极反应之外的中间反应,使被处理污染物氧化,最终转化为无害物质。对于阳极直接氧化而言,如反应物浓度过低会导致电化学表面反应受传质步骤限制;对于间接氧化,则不存在这种限制。在直接或间接氧化过程中,一般都伴有析出 H_2 或 O_2 的副反应,但通过电极材料的选择和电势控制可使副反应得到抑制。

4.光电化学氧化。

通过半导体材料吸收可见光和紫外光的能量,产生电子空穴对,并储存多余的能量,使得半导体粒子能够克服热动力学反应的屏障,作为催化剂使用,进行一些催化反应。

5.电渗析。

依靠在电场作用下选择性透过膜的独特功能,使离子从一种溶液进入另一种溶液中,达到对离子化污染物的分离和浓缩。利用电渗析处理金属离子时并

半导体材料

不能直接回收到固体金属,但能得到浓缩的盐溶液,并使出水水质得到明显改善。目前研究最多的是单阳膜电渗析法。

6.电化学膜分离。

利用膜两侧的电势差进行的分离过程,常用于气态污染物的分离。

电化学水处理技术的优点

1. 在进行水处理的过程中产生的 OH^- 自由基可以直接与废水中的有机污染物反应，将其降解为二氧化碳、水和简单有机物，没有或很少产生二次污染，是一种环境改善技术。

气态污染

2. 能量效率高，电化学过程一般在常温常压下就可进行。

3. 电化学方法既可以单独使用，又可以与其他处理方法结合使用，如作为前处理方法，可以提高废水的生物降解性。

4.电解设备及其操作一般比较简单,费用较低。

让生态保持平衡

名句箴言

我首先要求诸君信任科学，相信理性，信任自己，并相信自己。

——黑格尔

电泳知识

电泳的基本原理

很多人可能对电泳这一概念感到陌生，那么电泳到底是什么呢？电泳是指带电颗粒在电场的作用下发生迁移的过程。许多重要的生物分子，如氨基酸、多肽、蛋白质、核苷酸、核酸等都具有可电离基团,它们在某个特定的pH值下可以带正电或负电,在电场的作用下,这些带电分子会向着与其所带电荷极性相反的电极方向移动。电泳技术就是利用在电场的作用下,由于待分离样品中各种分子带电性质以及分子本身大小、形状等性质的差异,使带电分子产生不同的迁移速度,从而对样品进行分离、鉴定或提纯的技术。

蛋白质示意图

电泳过程必须在一种支持介质中进行。提塞留斯等在1937年进行的自由界面实验中,由于电泳没有固定支持介质,所以扩散和对流都比较强,影响分离效果。于是出现了固定支持介质的电泳,样品在固定的介质中进行电泳过程,减少了扩散和对流等干扰作用。最初的支持介质是滤纸和醋酸纤维素膜,目前这些介质在实验室已经应用得较少。在很长一段时间里,小分子物质如氨基酸、多肽、糖等通常用滤纸或纤维素、硅胶薄层平板为介质的电泳进行分离、分析,但目前则一般使用更灵敏的技术来进行分析。这些介质适合于分离小分子物质,操作简单、方便,但对于复杂的生物大分子则分离效果较差。凝胶作为支持介质的引入大大促进了电泳技术的发展,使电泳技术成为分析蛋白质、核酸等生物大分子的重要手段之一。最初使用的凝胶是淀粉凝胶,但目前使用得最多的是琼脂糖凝胶和聚丙烯酰胺凝胶。蛋白质电泳主要使用聚丙烯酰胺凝胶。

电泳装置主要包括两个部分:电源和电泳槽。电源提供直流电,在电泳槽中产生电场,驱动带电分子的迁移。电泳槽可以分为水平式和垂直式两类。垂直式电泳是较为常见的一种,常用于聚丙烯酰胺凝胶电泳中蛋白质的分离。电泳

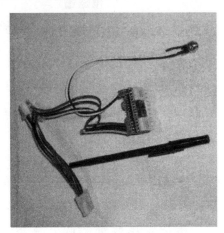

电源提供直流电

槽中间是夹在一起的两块玻璃板,玻璃板两边由塑料条隔

开,在玻璃平板中间制备电泳凝胶,凝胶的大小通常是12cm或14cm, 厚度为1—2mm,近年来新研制的电泳槽胶面更小、更薄,以节省试剂和缩短电泳时间。制胶时

在凝胶溶液中放一个塑料梳子,在胶聚合后移去,形成样品的凹槽。水平式电泳则是凝胶铺在水平的玻璃或塑料板上,用一薄层湿滤纸

电泳槽

连接凝胶和电泳缓冲液或将凝胶直接浸入缓冲液中。由于pH值的改变会引起带电分子电荷的改变,进而影响其电泳迁移的速度,所以电泳过程应在适当的缓冲液中进行的,缓冲液可以保持待分离物的带电性质的稳定。

电泳的分类

电泳有哪些种类呢？分类方式不同会有不同种类的电泳。

按照电泳分离的原理不同可分为：

1. 区带电泳。电泳分离过程中,待分离的各组分分子在支持介质中被分离成许多条明显的区带,这是当前应用最为广泛的电泳技术。

2. 自由界面电泳。这是瑞典乌普萨拉大学的著名科学家提塞留斯最早建立的电泳技术,是在 U 形管中进行电泳,无支持介质,因而分离效果差,现已被其他电泳技术所取代。

3. 等速电泳。需使用专用电泳仪,当电泳达到平衡后,各电泳区带相随,分成清晰的界面,并以等速向前运动。

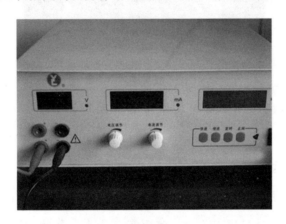

电泳仪

4. 等电聚焦电泳。由两性电解质在电场中自动形成 pH 梯度,当被分离的生物大分子移动到各自等电点的 pH 处聚集成很窄的区带从而形成电泳。

按支持介质的不同可将电泳分为纸电泳、醋酸纤维薄膜电泳、琼脂凝胶电泳、聚丙烯酰胺凝胶电泳和 SDS-聚丙烯酰胺凝胶电泳。

按支持介质形状的不同可将电泳分为薄层电泳、板电泳和柱电泳。

按用途不同可将电泳分为分析电泳、制备电泳、定量免疫电泳和连续制备电泳。

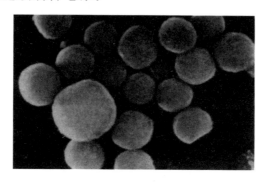

氨基酸

按所用电压不同可将电泳分为两类：

1.低压电泳。低压电泳的电压为 100—500V，电泳时间较长，适合于分离蛋白质等生物大分子。

2.高压电泳。高压电泳的电压为 1000—5000V，电泳时间短，有时只需几分钟，多用于氨基酸、多肽、核苷酸和糖类等小分子物质的分离。

影响电泳分离的主要因素

由电泳迁移率的公式可以看出，影响电泳分离的因素

很多,下面简单讨论一些主要的影响因素:

1. 待分离生物大分子的性质。

待分离生物大分子所带的电荷、分子大小和性质都会对电泳有明显影响。一般来说,分子带的电荷量越大、直径越小、形状越接近球形,则其电泳迁移速度越快。

2. 缓冲液的性质。

缓冲液的 pH 值会影响待分离生物大分子的解离程度,从而对其带电性质产生影响,缓冲液 pH 值距离其等电点愈远,其所带净电荷量就越大,电泳的

缓冲液

速度也就越大,尤其对于蛋白质等两性分子,缓冲液 pH 值还会影响到其电泳方向,当缓冲液 pH 值大于蛋白质分子的等电点,蛋白质分子带负电荷,其电泳的方向是指向正极。为了保持电泳过程中待分离生物大分子的电荷以及缓冲液 pH 值的稳定性,缓冲液通常要保持一定的离子强度,离子强度过低,则缓冲能力差,但如果离子强度过高,会在待分离分子周围形成较强的带相反电荷的离子扩散层,由于离子氛与待分离分子的移动方向相反,它们之间产生了静电

引力,因而引起电泳速度降低。另外缓冲液的黏度也会对电泳速度产生影响。

3.电场强度。

电场强度是每厘米的电位降,也称电位梯度。电场强度越大,电泳速度越快,但增大电场强度会引起通过介质的电流增大,因此造成电泳过程产生的热量增大。

电流所做的功绝大部分都转换为热,因而引起介质温度升高,这会造成很多影响:

(1)样品和缓冲离子扩散速度增加,引起样品分离带的加宽。

(2)产生对流,引起待分离物的混合。

(3)如果样品对热敏感,会引起蛋白变性。

(4)引起介质黏度降低、电阻下降等等。

电泳中产生的热通常是由中心向外周散发

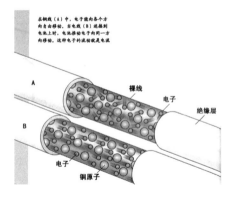

电流

的,所以介质中心温度一般要高于外周,尤其是管状电泳,由此引起中央部分介质相对于外周部分黏度下降,摩擦因数减小,电泳迁移速度增大,由于中央部分的电泳速度比边缘快,所以电泳分离带通常呈弓形。降低电流强度可以减小生热,但会延长电泳时间,引起待分离生物大分子扩散的增加而影响分离效果,所以电泳实验中要选择适当的电场强度,同时可以适当冷却降低温度以获得较好的分离效果。

4.电渗。

液体在电场中对于固体支持介质的相对移动称为电渗现象。由于支持介质表面可能会存在一些带电基团,如滤纸表面通常有一些羧基团,琼脂可能会含有一些硫酸基团,而玻璃表

硫酸基团

面通常有 Si−OH 基团等等。这些基团电离后会使支持介质表面带电,吸附一些带相反电荷的离子在电场的作用下向电极方向移动,形成介质表面溶液的流动,这种现象就是电渗。在 pH 值高于 3 时,玻璃表面带负电,吸附溶液中的正电离子,引起玻璃表面附近溶液层带正电,在电场的作用下,向负极迁移,带动电极液产生向负极的电渗流。如果电渗方向与待分离分子电泳方向相同,则加快电泳速度;如果

相反,则降低电泳速度。

5．支持介质的筛孔。

支持介质的筛孔大小对待分离生物大分子的电泳迁移速度有明显的影响。在筛孔大的介质中脉动速度快,反之,则脉动速度慢。

名句箴言

向他的头脑中灌输真理，只是为了保证他不在心中装填谬误。

——卢梭

电极知识

电极的分类

根据电极组成成分,可将电极分为以下几种:

1.金属电极。由金属及相应离子组成,其特点是氧化还原对可以迁越相界面。

2.氧化还原电极。由惰性金属电极及溶液中氧化还原离子对组成,其特点是氧化还原对不能迁越相界面。

金属

3.气体电极。由惰性金属电极及氧化还原对中的一个组元为气体组成的。

4.难溶盐电极。氧化还原对的一个组元为难溶盐或其他固相,它包含着三个物相两个界面。

5.膜电极。利用隔膜对单种离子透过性或膜表面与电解液的离子交换平衡所建立起来的电势,测定电解液中特定离子的活度如玻璃电极、离子选择电极等。

6.化学修饰电极。将活性集团、催化物质附着在电极金属表面上,使之具有较强特征功能。

7.多重电极。即金属溶液界面间存在着一种以上的电极反应。

根据电极用途的不同,可将电极分为以下几种:

1.工作电极。工作电极又称研究电极,工作电极发生的反应过程是我们的研究对象,一般来说,典型的工作电极主要有几种。

（1）铂电极。

这种电极具有化学性质稳定、氢过电位小的特点，而且高纯度的铂易得到、容易加工，但价格比较昂贵。

金

（2）金电极。

在阴极区电位窗口比较宽，易与汞形成汞极，但是在HCl水溶液中易发生阳极溶解，并且很难把金封入玻璃管中，即制作电极比较麻烦。常用金电极测定正电位一侧的电化学反应，而相同形状的汞极化的金电极常用来研究负电位一侧的还原反应。

（3）碳电极。

碳电极又分为石墨电极、糊状碳电极和玻碳电极等。碳电极具有电位窗口宽、容易得到、使用方便等特点。其中玻碳电极具有导电性高、对化学药品的稳定性好、气体无法通过电极、纯度高、价格便宜、氢过电位和氧过电位小以及表面容易再生等特点，因而应用比较广泛。

（4）汞电极。

具有常温下为液态、氢过电位大的特点，常用在极谱分析法中。常与其他金属形成汞齐制备成汞齐电极。

2.参比电极。参比电极具有已知恒定的电位，为研究对象提供一个电位标准。测量时，参比电极上通过的电流极小，不致引起参比电极的极化。经常使用的参比电极主要有以下三种：

（1）标准氢电极。

常以在标准状态下，氢离子和氢气的活度为1时的电位为电极电位的基准。

（2）甘汞电极。

甘汞电极是实验室最常用的参比电极之一。

（3）银氯化银电极。

银氯化银电极也是实验室最常用的参比电极之一。

3.辅助电极。

辅助电极的作用比较简单，它和设定在某一电位下的工作电极组成一个串联回路，使得研究电极上电流畅

银

通。在电化学研究中经常选用性质比较稳定的材料作辅助电极,比如铂或者碳电极。为了减少辅助电极极化对工作电极的影响,通常辅助电极的面积要比工作电极大 100 倍以上。

纳米微电极的性质

溶解氧电极

纳米微电极指的是电极至少有一维处在纳米尺度的超微电极。微米量级的微电极不同于常规电极的特性基本上是源于它的尺寸的减小所导致的电极附近传质的变化。在源于传质而导致的微电极的特性方面,纳米微电极与微米微电极有着相同的规律。这种小尺寸导致微电极与常规电极相比有以下 5 个特点:

1. 高传质速率。

当电极的面积很大时,线性扩散起主导作用。微电极的半径小,与扩散层的厚度相差不大,在电极的表面能形成半球形的扩散层,非线性扩散起主导作用。

微电极可以获得比常规电极更高的传质速率。微电极的传质速率甚至高于通常的旋转圆盘电极的传质速率。

2. 时间常数小。

微电极能快速响应，易于得到稳态扩散电流。微电极比常规电极更适用于各种暂态电化学方法，如方波伏安法、脉冲伏安法、阶跃电位法、快速扫描伏安法等。

3. IR 降小。

由于电解池内阻的存在而产生 IR 降。IR 降会扭曲伏安曲线，降低测量数据的精确度。电解池的内阻主要来自电极自身的电阻和电极表面附近溶液层的电阻。尽管微电极电解池的内阻会比常规电极电解池的内阻增加很多，但是微电极的电流强度很小，只有10—12 A，因此微电极电解池的 IR 降还是很小，所以利用微电极进行电化学检测时，可以采用两个电极体系，支持电解质的浓度可以很低，甚至为零。

4. 高信噪比。

微电极的半径小，双电层电容小，充电电流变小，而其传质速率增加，法拉第电流增加，所以信噪比高。

5. 高电流密度。

对于微电极，电流经过一段时间衰减后达到稳态，这个电流来自于非线性扩散，研究结果表明稳态电流的密度与电极半径成反比，微电极上的电流强度虽然小，但是由于微电极的尺寸小,所以微电极还是具有很高的电流密度。

纳米微电极的应用

1.电化学动力学研究。

随着电极半径的越来越小,转质速率越来越高,以至于许多在较小电极上表现为可逆的电荷迁越或被称为电化学活化的过程,在更小尺度的电极上会变得不可逆。斯莱文等用半径为

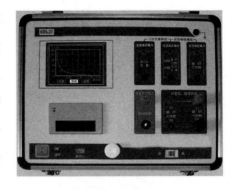

伏安特性测试仪

1μm—10nm的一系列电极进行六氰合亚铁离子的伏安检测,发现随着传质速率的增加,其不可逆性越来越大,并且该电极可以在稳态伏安的条件下表征快速异相电子传递动力学。在处于液态的具有纳米孔道的膜中可以进行离子传递,因此,克拉利等提出要重视纳米阵列电极在液态时研究反应的动力学和机理的应用。对宽度为50nm的带形微电极进行电化学性能研究,在短的时间域内,其扩散和卡特瑞方程一致,理论值与实验值吻合。怀特等对2—50nm的铂和金的纳米带形电极进于电化学性能研究,发现宽度大于

20nm 的带形电极的极限电流与理论预测值在量级上相一致。当宽度小于 10nm 时,扩散电流值低于理论预测值一个数量级。

一般认为这是因为当电极的宽度达到氧化还原活性分子的尺度时,尺寸效应加剧所造成的。当电极宽度小于 20nm 时,极限电流的量级与经典理论预测的相差甚大,可以认为是反应分子的有限尺寸和近表面传输速率远小于本体电解质溶液传输速率的共同结果。

2.伏安检测。

1995 年,马丁等用化学镀法在阳极软化铝模板制得特征尺寸直径最小为 10nm 的金纳米阵列盘电极。用该电极测得电活性样品的循环伏安检测限比在常规电极上测得的低 3 个数量级。涂上离子交换高分子膜的大电极和纳米盘微电极均能提高电分析检测限,1996 年马丁等实验证明用涂上离子交换高分子膜的纳米盘微电极比涂上离子交换高分子膜的大电极和纳米盘微电极能降低电分析检测限,并认为这是对涂上离

pH 电极

子交换高分子膜的纳米盘微电极的电化学和电分析优点的首次研究。

3.修饰纳米微电极。

在纳米微电极表面修饰功能性的物质可制成修饰微电极。纳米微电极的特征尺寸小,适合进行微量检测和特殊检测。威尔等在电化学环境中利用 STM 为工具在金电极上进行纳米级的修饰,获得成功,该方法可以将2—4个原子层高的小铜簇准确地修饰到金电极上。张等制成用聚吡咯膜修饰的碳纤维纳米微电极,将其与很小的参比电极组装成体,在抗坏血酸的存在下,用极少量样品检测神经传递质,成功地克服了抗坏血酸所造成的干扰。

4.传感器。

传感器实际上是测定一些特定物质的电极,它对温度、光、湿气等环境因素相当敏感。外界环境的改变会迅速引起表面或界面离子价态电子输运的变化,利用其电阻的显著变化可做成传感器,这个传感器的特点是响应速度快、灵敏度高、选择性优良。张等将普鲁士蓝葡萄糖氧化

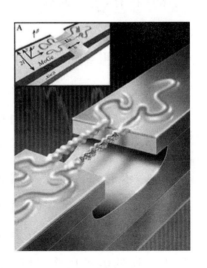

纳米导线

酶修饰的碳纤维锥形纳米微电极制成葡萄糖传感器,该电极的小型化和分析性能为测试极少量的葡萄糖提供了很大的希望。米尔金等认为其制得的纳米微电极可以制成离子选择性电极和生物传感器。目前已经研制出了一个钯纳米线的阵列,这个阵列与安培表、电源相连接构成回路,可做成微型的氢气传感器和由氢分子启动的开关。这些钯纳米导线能在室温下快速工作并且只需要很少的电能,它们在接触到氢气后会降低电阻。钯颗粒吸收氢气而膨胀,使导线中的细微缝隙关闭,增加其导电性。另一些纳米导线能起开关作用,在没有氢气时,它们的电阻极大地提高。这些纳米导线阵列甚至在其他破坏这类作用的气体存在时,也能同样地工作。

5. 成像探针。

张等采用等离子轰击法制得最小尖端可达30nm的金电极,可用于扫描电化学显微镜的研究,也可以用作扫描隧道显微镜的探针,由于金电极太软,未能插入单个细胞进行活体分析。禾瀚等采用刻蚀涂层法制得活化面积为小于100埃的电极用作STM的探针,为了得到成功的STM

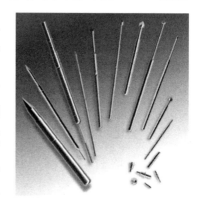

探针

图片,采用场发射法,制备出场发射探针,在含有多种电解质的溶液中可以使具有原子分辨率的 STM 成像。斯莱文等制得纳米微电极作为 SECM 的成像探针,能够得到高分辨率的浓度变化图像,该电极表现出的一个显著的优点是不受对流的影响。

隧道

6.单分子检测。

单分子检测、表征以及物理和化学处理已引起许多科学家的极大兴趣和关注,其主要原因是通过研究单个分子的行为,可以得到细胞发生癌变的信息,这样就可以在细胞发生癌变之前将其发现,而不是在发生病变之后进行治疗,这对癌病的预防和治疗起着不可估量的作用。研究单分子的技术有许多种,电化学方法是较为常用的方法。巴德等运用 SECM 来调节直径为 15 nm 的探针和导电基底之间的距离,在该探针和导电基底之间通过获取少量电活性样品的极稀溶液来观察单个分子的电化学行为。巴德等采用特殊制造的纳米微电极作为探针,在探针尖和基底之间能够捕获到少量分子,原理是电活性分子以扩散的形式在探针和导电基底之间穿梭,其重复的电子传递能够产生电流,该电流可用来检测捕获的分子。

由于纳米微电极的研究还处在开始阶段,文献中涉及的应用还不太多,但是它的潜在的应用领域应该是很宽的。随着研究的发展,除了上述应用外,在生物领域如神经生理学、化学分析、STM 等领域纳米微电极还有可能得到更加广泛的应用。

名句箴言

只有在斗争中无所畏惧，才能在追求真理的过程中把自己雕塑成器。

——张志新

电镀知识

电镀化学基础

电镀是一种用电解方法沉积的具有所需形态的镀层的过程，其目的一般是改变物体表面的特性，以提供改善外观、耐介质腐蚀、抗磨损以及其他特殊性能，但有时电镀也仅用来改变零件的尺寸。

电镀过程是一个复杂过程，为了达到上述性能要求，电镀工作者往往需要综合运用各门学科的知识才能妥善地解决电镀领域中的理论与工艺难题，故电镀是各学科之间相互渗透的边缘学科。

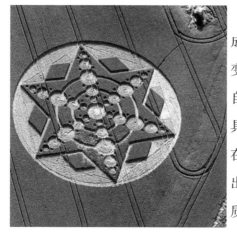

自然界由物质构成

自然界是由物质构成的，研究自然界物质变化规律的科学统称为自然科学。不同的物质具有不同的性质，物质在发生物理变化时表现出来的性质称物理性质。物质变化时，只发生物理性质的变化，没有生成新的物质，这种变化称物理变化，研究物质物理变化的科学称物理学。物质在发生化学变化时表现出来的性质称化学性质，物质变化时伴随着有新物质生成的变化称化学变化，研究化学变化规律的科学称化学。一般而言，物质在发生物理变化时，不一定发生化学变化，但发生化学变化时，一定同时有物理变化的发生。在化学反应中有电子得失与转移，其反应物和生成物在反应前后的化合价发生了变化，这一类反应叫作氧化还原反应。

对于给定的氧化还原反应,氧化和还原必然同时发生。如果没有还原剂,氧化剂就无从得到电子;如果没有氧化剂,还原剂也不能失去电子。因此氧化和还原是共存于一个氧化还原反应中。

凡是能溶解其他物质的液体叫作溶剂,凡是能溶解在溶剂中的物质叫作溶质,溶质溶解在溶剂中得到均匀的澄清透明的液体叫作溶液。

在一定条件下,某物质能溶解于溶剂中的最大量,称为该物质的溶解度。溶解度常用在一定温度下每100g溶剂中最多能溶解的溶质的克数来表示。

各种物质在水中的溶解度是不同的,这是由溶质的性质决定的。一般把在室温时溶解度在1g以上的,叫作可溶物质,其中10g以上的,叫作易溶物质;溶解度在1g以下的,叫作微溶物质,其中小于0.01g的,叫作难溶物质。

固体物质的溶解度还与温度有关,一般是随着温度升高而增大。

电镀的结晶过程

固态的金属都是由金属原子组成的晶体。电镀时,溶液中的简单金属离子或其络离子在电极与溶液界面间获得电子,被还原成为具有一定结构的金属晶体。因为这种金属晶体是在阴极还原的情况下形成的,故称为电结晶。

金属电沉积是一个复杂过程,它一般由以下几个连续的界面反应步骤组成:

1.液相传质步骤。沉积金属离子自溶液本体运动到电极表面附近的过程。

2.前置转化步骤。还原反应前,沉积金属离子在阴极表面附近或表面上发生转化。例如简单金属离子的水化层重排或水化数下降、络离子的配位数下降配位体的交换。

金属原子

3.电荷传递。在电极和离子之间进行电荷转移,即金属离子从阴极得到电子,还原成金属原子。

4.表面扩散或形核到达。电极表面的粒子沿表面横向移动到金属点阵的适当位置或与其他粒子相遇形成晶核。

5.形成结晶。金属原子最后到达点阵中的固定位置,晶体逐渐长大。

上述结晶过程可以顺序进行,也可以同时进行,各步骤的进行都需要一定的活化能,也就是说反应各步骤的速度不一样,究竟是哪一个步骤为过程的控制步骤,最后影响到电结晶的质量,要依据电沉积的具体条件而定。

在形成金属晶体时又可分为同时进行的两个过程:结晶核心的生成和成长过程。这两个过程的速度决定着金属结晶的粗细程度。如果晶核的生成速度较快,而晶核生成后的成长速度较慢,则生成的晶核数目较多,晶粒较细,反之晶粒就较粗。也就是说,在电镀过程中当晶核的生成速度大于晶核的成长速度时,就能获得结晶细致、排列紧密的镀层。晶核的生成速度大于晶核成长速度的程度越大,镀层结晶越细致、紧密。

结晶组织较细的镀层,其防护性能和外观质量都较理想。实践表明:提高金属电结晶时的阴极极化作用,可以提高晶核的生成速度,便于获得结晶细致的镀层。但是不能认为阴极极化作用愈大愈好。因为阴极极化作用超过一定范围,会导致氢气的大量析出,从而使镀层

金属晶体示意图

变得多孔、粗糙、疏松、烧焦，甚至是粉末状的，质量反而下降。

电镀工作条件的影响

电镀工作条件是指电镀时的操作变化因素，包括：电流密度、温度、搅拌和电源的波形等。

1. 阴极电流密度。

任何镀液都有一个获得良好镀层的电流密度范围，获得良好镀层的最小电流密度称电流密度下限，获得良好镀层的最大电流密度称电流密度上限。一般来说，当

电镀必需的镀液

阴极电流密度过低时，阴极极化作用小，镀层的结晶晶粒较粗，在生产中很少使用过低的阴极电流密度。随着阴极电流密度的增大，阴极的极化作用也随之增大，镀层结晶也随之变得细致紧密，但是阴极上的电流密度不能过大，不能超过允许的上限值，超过允许的上限值以后，由于阴

极附近严重缺乏金属离子的缘故,在阴极的尖端和凸出处会产生形状如树枝的金属镀层或者在整个阴极表面上产生形状如海绵的疏松镀层。在生产中经常遇到的是在零件的尖角和边缘处容易发生"烧焦"现象,严重时会形成树枝状结晶或者是海绵状镀层。

2. 电镀溶液温度。

当其他条件不变时,升高溶液的温度通常会加快阴极反应速度和离子扩散速度,降低阴极极化作用,因而也会使镀层结晶变粗。但是不能认为升高溶液温度都是不利的,如果同其他工艺条件配合恰当,升高溶液温度也会取得良好效果。例如升高温度可以提高允许的阴极电流密度的上限值,阴极电流密度的增加会增大阴极极化作用,以弥补升温的不足,这样不但不会使镀层结晶变粗而且会加快沉积速度,提高生产效率。此外还可提高溶液的导电性、促进阳极溶解、提高阴极电流效率、减少针孔、降低镀层内应力等效果。

3. 搅拌。

搅拌会加速溶液的对流,使阴极附近消耗了的金属离子得到及时补充和降低阴极的浓差极化作用,因而在其他条件相同的情况下,搅拌会使镀层结晶变粗。

然而采用搅拌后,可以提高允许的阴极电流密度上限值,这样就可以克服因搅拌降低阴极极化作用而产生的结晶变粗现象,采用搅拌可以在较高的电流密度和较高的电流效率下得到紧密细致的镀层。对某些光亮性镀液,如光亮硫酸盐镀铜和光亮镀镍,搅拌还可以提高镀层的整平性。在某些情况下,还可消除条纹或橘皮状镀层。

采用搅拌的电镀液必须进行定期或连续过滤,以除去溶液中的各种固体杂质和渣滓,否则会降低镀层的结合力并使镀层粗糙、疏松、多孔。

4.电镀。

三相节电器

生产中常用的电源有整流器和直流发电机,根据交流电源的相数以及整流电路的不同可获得各种不同的电流波形,例如单相半波、单相全波、三相半波和三相全波等。实践证明,电流的波形对镀层的结晶组织、光亮度、镀液的分散能力和覆盖能力、合金成分、添加剂的消耗等方面都有影响,故对电流波形的选择应予重视。目前除采用一般的直流电外,根据实际的需要还可采用周期换向电流及脉冲电流。

周期换向电流就是周期性地改变直流电流的方向,即在电镀时,直流电流的方向,一段时间是正向,接着的一段时间是反向,正向电流就是将镀件作为阴极,而反向电流就是将镀件作为阳极。一段正向电镀的时间和一段反向退镀的时间之和就是一个周期的时间。

实践证明,把周期换向电流应用于氰化物镀铜和氰化物镀银所获得的镀层比用一般直流电所得的镀层好得多,这是由于在反向退镀时,可除去电镀时产生的劣质镀层,减少或消除镀层上的粗糙和毛刺,同时还能使镀件尖端和边缘镀层厚度较厚处,退镀时除去较多的镀层,使镀层厚度均匀,整平性好。

在应用周期换向电镀时,零件入槽最好先进行阴极电镀,以防止镀件在无镀层时作为阳极,造成基体金属腐蚀而污染镀液。

脉冲电流就是单向电流周期性地被一系列开路所中断的电流。它与换向电流所不同的是不把镀件作为阳极,而是间歇地停止供电,由于间歇中断电流,阴极电位随时间周期性地变化。其波形有方波、正弦波、三角波和锯齿波等。

实验证明,使用脉冲电流可提高镀金层的硬度和导电性,并使金层在高温下不易变色,还具有镀取较厚镀层的能力；在焦磷酸盐电镀铜—锡合金中，使用脉冲电流可提高镀层中锡的百分含量；在某些场合下，使用脉冲电流还可以减少氢的析出，提高阴极电流效率，从而减少针孔、条纹和氢脆等。

影响镀层分布的因素

影响镀层分布的主要因素是电镀溶液的阴极极化度、电导率、阴极电流效率、电极和镀槽的几何因素和基体金属的表面状态等。

1.阴极极化度。

阴极极化度就是阴极极化曲线的斜率，也就是阴极电位随阴极电流密度变化而变化的程度。由于任意一条阴极极化曲线上各点的斜率都不同，所以各点处的极化度不一样。当其他条件不变时，极化度较大的镀液的分散能力较好。所以凡是能增大阴极极化的因素，均能改善镀层的分散能力及覆盖能力。

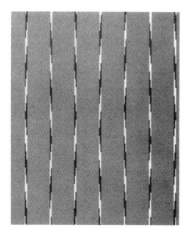

曲线

2.电镀溶液电导率。

一般来说,提高电导率能提高覆盖能力。当电镀溶液的阴极极化度较大时,提高电导率能显著地提高分散能力和覆盖能力。如果极化度极小甚至趋近于零,那么增大电导率,对分散能力不可能有多大改善,例如,镀铬时的极化度几乎等于零,所以即使镀铬溶液的导电性能很好,其分散和覆盖能力都很差。

3.阴极电流效率。

阴极电流效率对分散能力的影响取决于阴极电流效率随阴极电流密度的变化而变化的程度。一般可分为 3 种情况:

(1)阴极电流效率随电流密度改变而几乎没有变化的,则电流效率几乎没有影响。

(2)阴极电流效率随电流密度增大而降低的,则阴极电流效率能够提高分散、覆盖能力。由于电流密度大的地方,电流效率低,电流密度小的地方,电流效率高,这样使阴极各处的实际电流密度重新分布得更均匀些。

(3)阴极电流效率随着电流密度的增大而增大的,则会降低分散和覆盖能力。因为阴极上电流密度大的地方,电流效率高,电流密度小的地方,电流效率低,这样使阴极各处的实际电流密度重新分布得更不均匀,也即分散能力降低了。

4.电极和镀槽的几何因素。

电极的形状和尺寸、电极间的距离、电极在镀槽中的位置和镀槽的形状等,都会影响镀层在阴极表面的均匀分布。为了改善由此而引起的电极上电流分布不均匀状态,电镀生产中常采用辅助阴极和象形阳极,适当增大阴、阳极之间的距离等方法。

5.基体金属表面状态。

象形石

由于氢在粗糙表面上的过电位小于光滑表面,所以在粗糙表面上氢容易析出,镀层就不容易沉积,因此,提高基体金属的光洁度往往可以改善覆盖能力,又如基体金属中含有氢过电位较小的杂质,在这些杂质上氢容易析出,镀层就难以沉积。如果氢在基体金属上的过电位小于镀层金属上的过电位,那么在刚入槽电镀时,将有较多的氢气逸出。倘若这时局部先镀上镀层,那么由于先镀上镀层的部位析氢少,电流效率高,这将使分散能力降低。此时为了镀取均匀连续的镀层,常在开始通电时采用短时间的大电流密度"冲击",使基体金属表面很快地先镀上一层氢过电位大的镀层金属,然后按正常规定的电流密度进行电镀,这就可以消除基体金属对分散能力和覆盖能力的不良影响。

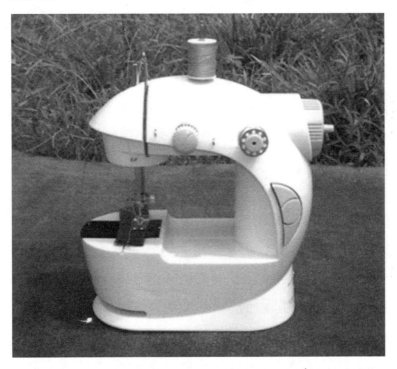

镀层直接影响产品质量

电化学是研究化学现象与电现象之间关系的一门科学，着重研究电能与化学能相互转化及其转化规律。电化学的研究具体内容包括两个方面：其一是电解质溶液的研究——电解质的导电性质、离子的传输特性、参与反应的离子的平衡性质；其二是电极过程的研究——包括电极界面的平衡性质和非平衡性质、电化学界面结构、电化学界面上的电化学行为及其动力学。因此现代电化学被定义为研究电子导体和离子导体界面现象及各种效应的一门科学。

电化学是一门古老而又充满活力的学科。一般公认电化学起源于 1791 年伽伐尼发现金属能使蛙腿肌肉抽缩的"动物电"现象。1799 年伏打创造出伏打电堆，提供了直流电。1803 年戴维用电解法成功得到金属钾、钠。1833 年，法拉第得出著名的法拉第电解定律，为电化学定量研究奠定了理论基础。

19 世纪电极过程热力学的研究和 20 世纪 30 年代溶液电化学的研究取得了重大的进展，形成电化学发展史上两个光辉时期。随后电化学界面和电极过程宏观动力学的研究迅速发展,1958年美国阿波罗宇宙飞船上成功地使用燃料电池作为辅助电源,更加有力地刺激了电化学的迅猛发展。20世纪70年代以来,尤其是近10年来,由于计算机技术和表面物理技术的应用,促使电化学进入由宏观到微观、由经验到理论的研究阶段。电化学是一门具有重要应用背景和前景的学科,除了在电化学基础上研究化学能与电能相互转换的电池、电解等产业部门之外,在支撑文明社会的自然科学以及能源、材料、生命、环境和信息等科学中,它都占有重要的地位。近年来,电化学与化学学科结合形成不少新的学科,例如无机电化学、有机电化学、生物电化学等。